मीरा सा इश्क़

फिर क्यों मिलता नहीं मुझे आराम

ईशा सिंगला

अनुक्रम

अनुक्रम

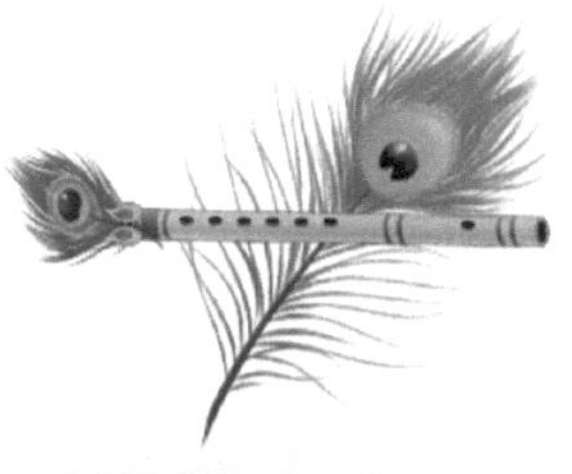

"मैंने अल्फ़ाज़ों में मेरी मोहब्बत को लिखा है,
मेरे लफ़्ज़ों में ढूंढ लेना उन्हें।"

इस किताब में मैंने 'मीरा बाई' के समुद्र जैसे प्यार की कुछ बूंदें अपनी शायरी में समेटी हैं। कोशिश है कि हर पढ़नेवाला उनके प्रेम रस को चख सके। अगर आप 'मीरा' की तन्हाई, तड़प, सिसकना, जिद्द, असीमित प्यार, पूजा, जोग, गली-गली नाचने और गाने वाले इश्क़ को समझ पाएं, तो मेरी शायरी के माध्यम से मेरी 'मीरा भक्ति' सफल हो जाएगी।

तू नहीं रहता,
तो तेरी पसंद के चीज़ों से दिल बहला लेती हूँ।
कभी सुन लेती हूँ, धुन तेरी पसंद की,
कभी तेरे रब के आगे सिर झुका देती हूँ।

मैं चली हूँ कांटों पे उमर भर,
इश्क़ की राह पर ढूंढती रही हमसफर।
थाम लिया है हाथ तो अब, छोड़ के मत जाना,
कहीं 'मीरा' बन ठोकर खाती फिरूँ, दर-ब-दर।

कहीं 'मीरा' बन ठोकर खाती फिरूँ, दर-ब-दर।

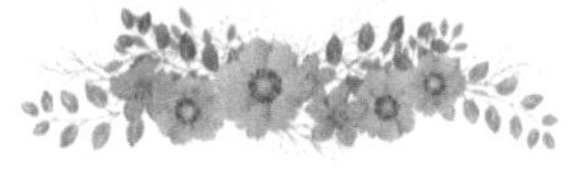

मुझे 'मीरा' बनना है तेरी

जिंदगी का हिस्सा नहीं,
तू जिंदगी है मेरी,
कोई रिश्ता नहीं तुझसे,
फिर क्यों हर वक्त मुझे फ़िक्र है तेरी?

मेरी रूह क्यों,
हर वक्त तेरी और खींची जाती है,
तू मेरा खुदा बन बैठा है,
क्या मैं भी कुछ लगती हूँ तेरी?

हाथ पकड़ना है फिर से,
नजरों में घंटों तक देखना है,
तू खुदा था पहले, अब जिद सा बन गया है,
मुझे 'मीरा' बनना है तेरी।

काश मेरी मोहब्बत
बस शायरी में सिमट के खुश रह पाती,
क्यों तूने छू लिया,
अब मुझे तलब लग गई है तेरी।

जन्मों से बंधा,
कोई नाता हो जैसे,
वैसे धड़कनों में
बसता है तू मेरी।

क्यों तूने छू लिया,
अब मुझे तलब लग गई है तेरी।
मुझे 'मीरा' बनना है तेरी।

फिर क्यों मिलता नहीं मुझे आराम

कौन कहेगा गलत है,
राधा और मीरा का प्यार सरे आम,
मेरा इश्क़ भी तो वैसा ही है,
फिर क्यों मिलता नहीं मुझे आराम।

मेरा शाम, गुमनाम है,
मैं नाचती हूँ उसके लिए गली गली,
गाती हूँ, गुनगुनाती हूँ,
मैं उसके लिए हूँ, उसके रंग में ढली।

मैं मीरा उसकी, वो मेरा शाम,
मुझे अब नहीं चाहिए, कोई अंजाम,
मुझे प्यार है उस से,
फिर क्यों मिलता नहीं मुझे आराम।

मेरा कृष्णा, मेरा हर धाम,
कभी रुला जाए, कभी छेड़े सुबह शाम,
कभी नयनों से मोह ले, कभी छोड़ तोड़ जाए,
मेरा कृष्णा, मुझे फिर भी भाए,
नाचू उसके साथ, जन्मों तक,
मैं बन जाऊँ उसकी गुलाम।
मुझे प्यार है उस से,
फिर क्यों मिलता नहीं मुझे आराम।

मैं कभी मीरा बन, गाऊँ उसे,
कभी राधा बन, सोचु सुबह शाम,
फिर भी मिलता नहीं मुझे आराम,
फिर भी मिलता नहीं मुझे आराम।

अपना नाम उनकी 'मीरा' रख लिया

मैंने इश्क़ कर लिया,
मैंने दिल किसी के नाम कर दिया।
वो दिल तोड़ता रहा,
मैं दिल जोड़ कर,
फिर से दिल तुड़वाने के लिए
उनके पास जाती रही।

दिल तोड़ने का शौक़ रखने वाला मेरा चाँद,
अपना काम करता रहा,
उसके इश्क़ के नाम जिंदगी कर के,
मैंने अपना काम कर दिया।

उनका नाम खुदा रख के,
अपना नाम उनकी 'मीरा' रख लिया।

वैसे वाला इश्क़ है

जैसे मीरा ने किया कृष्णा से,
और राधा ने किया शाम से।
वैसे वाला इश्क़ है, मुझे उनके नाम से।

फ़िकर नहीं हो जाए बदनाम अगर,
डर नहीं लगता अब अंजाम से।

जैसे राधा ने किया कृष्णा से,
और मीरा ने किया शाम से
वैसे वाला इश्क़ है, मुझे उनके नाम से।

किस्मत की मारी' मीरा को मरती देखते रहे

बंदिशों में बंधे तो कृष्णा भी होंगे,
जो मीरा को गली गली भटकते देखते रहे,
तड़पती देखते रहे, मरती देखते रहे,
पर अपनाया नहीं उसे।

तड़पती मीरा पुकारती रही,
कृष्णा अनदेखा करते रहे,
दर्शन के प्यासी मीरा, गली गली नाचती रही,
कृष्णा बस देखते रहे।
बंदिशों में बंधे तो कृष्णा भी होंगे,
जो बस उसे देखते रहे।

क्यों कोई शख़्स किसी एक का हो जाता है,
क्यों कोई शख़्स उसके बाद किसी का नहीं हो सकता।
क्यों मोहब्बत मरती रहती है समाज कर आगे,
क्यों हाल-ए-दिल का इकरार दोबारा नहीं हो सकता।

क्यों बंधे थे भगवन, लक्ष्मी के साथ ऐसे,
के मीरा को मरना पड़ा, उन्हें बुलाने के लिए।
क्यों प्यार होते हुए भी कृष्णा कह ना सके,
क्यों मरना पड़ा मीरा को कृष्णा को बुलाने के लिए।

जोग मीरा का, कैसे सहा उसने,
कैसे करती रही वो प्यार इतना,
क्या कृष्णा को नहीं दिखा,
दुनिया भर को भी दिख गया प्यार जितना।

प्यार की मिसाल है, मीरा मेरे लिए,
मैं समझ सकती हूँ उसकी मजबूरियां,
इस दुनिया में मोहब्बत को जो सहनी पड़ती है,
वो सारी दूरियां।

किस्मत के आगे मजबूर लोग होते हैं, इश्क़ नहीं,
इश्क़ करने वाले तो बस इश्क़ करते रहे।
बंदिशों में बंधे तो कृष्णा भी होंगे,
जो 'किस्मत की मारी' मीरा को मरती देखते रहे।

बिना 'मीरा' बने, खुदा मिलता ही नहीं

दूरियां है तुझसे, पर तुझसे करीब भी कुछ नहीं।
नजदीकियां है तुझसे, पर नज़दीक होकर भी,
तू क्यों मेरे करीब नहीं।

देखूं तुझे तो वक्त रुक जाए,
तू नहीं होता जब, ये कटता ही नहीं।
बताया है हज़ार बार, आँखों से मैंने हाल-ए-दिल,
मसला ये है, तू आंखों की बात सुनता ही नहीं।

झूमती हूँ, मस्त मलंग,
तेरे इश्क़ में हूँ, नाचती गाती,
सुना है, बिना 'मीरा' बने,
खुदा मिलता ही नहीं।

कहते हैं नाम जपने से,
सुन लेता है भगवान भी,
हर सांस पे नाम तेरा लिया है,
तेरा दिल मुझ पर, यू ही तो फिसला नहीं।

सब हार जाऊं, अगर तुझे पा लूं,
दिल हारा, जान हारी, पर तू मिलता ही नहीं।

तू नहीं होता जब, ये वक़्त कटता ही नहीं।

मीरा बन के तेरी, तुझ में खो गई हूँ

मीरा के जैसी लगी है, मुझे तेरी लगन,
कृष्णा के जैसे, तेरा एहसास है मुझे।
सोचती हूँ हर इक सांस के साथ तुझे,
बहुत दूर है, फिर क्यों लगता पास है मुझे।

मैं नाच लेती हूँ, तुझे याद कर के,
मेरी हर धुन भी, तेरे नाम लिख दी है।
पन्नों पे मैं मोहब्बत लिख रही हूँ,
आम सा है तू, लोगों के बीच, लगता खास है मुझे।

लगन तेरी ऐसी लगी है, मैं सब कुछ भूल गई हूँ,
मीरा बन के तेरी, तुझ में खो गई हूँ।
तेरी परछाई पर मर गई हूँ,
क्या तू वहम है मेरा? नहीं मालूम।
पर रहती हर वक्त तेरी तलाश है मुझे।

जानती हूँ, इस रास्ते पे, मरने तक मंजिल नहीं मिलेगी,
तू है आशिक सा, छलिया सा, कहां किसी को प्यार करेगा।
फिर भी ऐसा लगता है के, मेरे सच्चे से प्यार के लिए
इक दिन तो मरेगा,
मेरे इश्क़ पे इतना तो विश्वास है मुझे।

पन्नों पे मैं मोहब्बत लिख रही हूँ,
आम सा है तू, लोगों के बीच,
फिर भी लगता खास है मुझे।

बहुत दूर है, फिर क्यों लगता पास है मुझे?

फिर मत कहना 'कान्हा' के तेरी
'मीरा' बदल गई

मैंने जिस पल देखा तुझे,
तुझे अपना सब कुछ मान लिया।
दुनिया भूली, अपने भुलाए,
मैंने बस तेरा नाम लिया।
दिल का हाल क्यों सुनता नहीं,
सुन ना, मैं तेरी जोगन हो गई,
आजा ना, पुकार रही हूँ,
अगर तड़प कर मैं अपना जोग छोड़ गई,
फिर मुझे मत कहना 'कान्हा' के तेरी 'मीरा' बदल गई।

थाम कर उस पल हाथ तेरा,
तेरे इश्क़ में, दिन रात नाची मैं।
लगता है जैसे तू पुकारता है मुझे,
इस लिए तुझे ढूंढ़ने नंगे पाँव इधर-उधर भागी मैं।
एक तुझे पाने के लिए, मैं खुद को खो गई।
आजा ना, पुकार रही हूँ,
अगर तड़प कर मैं अपना जोग छोड़ गई,
फिर मुझे मत कहना 'कान्हा' के तेरी 'मीरा' बदल गई।

मैंने तेरे रंग में खुद को हर पल ढाला है,
जब से दिल दिया है, तुझे अपना रब माना है।
तेरे अलावा अब कुछ दिखता ही नहीं है,

तेरे क़दमों में मेरा ठिकाना है।
तेरी बेरुख़ी में तड़प कर,
अगर मैं दुनिया से नाता तोड़ गई,
अगर मैं मर गई और तड़प कर मैं अपना जोग छोड़ गई,
फिर मुझे मत कहना 'कान्हा' के तेरी 'मीरा' बदल गई।

मैं वृंदावन में जा कर मीरा की सोचती हूँ

वृंदावन में लोग राधा रानी को पूजते है,
मैं प्यार पूजती हूँ, मैं प्यार देखती हूँ।
लोग राधे कृष्णा बोलते हैं, मैं मीरा की सोचती हूँ।

लोग रास में जब मगन होते हैं,
मैं जोग में डूबी मीरा को हर गली ढूंढती हूँ।
लोग राधा और कृष्ण के सुंदर रूप में डूब जाते हैं,
मैं जोगन हुई मीरा को बिन श्रृंगार देखती हूँ।

नाची तो दोनों ही इश्क में मगन होकर,
मैं उनके प्यार में छुपे भाव देखती हूँ।
राधा ने पा कर भी ना पाया अपना कान्हा,
मीरा ने ना पा कर भी, पा लिया,
कितना अलग, पर, एक ही के लिए, दोनों का प्यार
देखती हूँ।

किसी दर पर नहीं मिलता मुझे जो,
मैं वह 'मीरा' वाला समर्पण भाव ढूंढती हूँ,
मैं वृंदावन में जा कर मीरा सोचती हूँ।
मैं वृंदावन में जा कर मीरा सोचती हूँ।

दुनिया के भीड़ में, अकेली हो गई हूँ

इतनी अकेली तो मैं, अकेली होकर भी नहीं थी,
जितनी अकेली तेरे साथ मिलके हो गई हूँ।
अब नहीं रहा मुझे किसी से मतलब,
मैं तेरी 'मीरा' बनकर, तुझमें खो गई हूँ।

दुनिया की भीड़ में, अकेली हो गई हूँ।
दुनिया की भीड़ में, अकेली हो गई हूँ।

कभी तू चांद दिखे मुझे,

कभी ढक ले तेरी नज़र मुझे, जैसे कोई आसमान,

मैं बहती हूँ प्यार में तेरे, नदी में बहते पानी की तरह,

तेरा इश्क़ जलाता है मुझे, भड़की कोई आग हो जैसे,

हवा में मैं तेरी खुशबू के साथ बहती हूँ यहां वहां।

मैं बन गई हूँ, तेरे रंग में, तुझ जैसी,

शाम के रंग में रंगी 'मीरा जैसी',

अब मुझे, मेरे रब के अलावा, किसी और का होश कहां।

तू ले चल जहां, मैं चल दू वहां।

तू ले चल जहां, मैं चल दू वहां।

जब 'मीरा' सा इश्क़ हो जाए,
तो कहां जा कर मरा जाए।

फ़िक्र तो होगी उसे भी मेरी,
मैंने ये फालतू का वहम पाल रखा है।
अपने खुदा में खुद को खो कर,
अपना 'मीरा' सा हाल बना रखा है।

तेरी रहमत हुई है, के मैं रो रही हूँ,
रोते रोते दर्द को लिखती जा रही हूँ,
मैं तेरे झूठे इश्क़ की बदौलत,
मशहूर शायर बनती जा रही हूँ।

अगर कभी मिल जाए वो आपको

बताना उन्हें की इक दिवानी है,
शायरी में लिखती, अपनी कहानी है।
थोड़ी दिल जली, बहुत मनमानी है,
'मीरा' बनने की जिद ठानी है।
कहती है, इश्क़ में दुनिया भूल जानी है।

कभी जो मिल जाए वो आपको, बता देना उनको।

कैसे कोई 'शायर' बन जाएगा तेरी चाहत में,
कैसे कोई तुझे 'खुदा' मान, खुद को 'मीरा' बोल देगा।
अंदाजा सब लगा सकते हैं, समझ कोई नहीं सकता,
कहने को 'तुझसे प्यार है', ये तुझे कोई भी बोल देगा।

कहने को 'तुझसे प्यार है', ये तुझे कोई भी बोल देगा।

कैसे लोग, किसी को झल्ला कर के भूल जाते हैं,
कैसे किसी को खून के आंसू दें कर,
हंस के चलें जाते हैं।
मुझसे तो बेगाने का भी दर्द नहीं देखा जाता,
लोग इक पल में अपनों को भूल जाते हैं।

लोग इक पल में अपनों को भूल जाते हैं।

मैं नहीं तुम्हारा कृष्ण मुरारी

बावली के जैसे नाचने लगी मीरा रानी,
इक दिन जब मिलने आए सपने में गिरधर मुरारी।
कितना पुकारा, कितनी तड़पी,
पर कभी मिलने नहीं आए थे,
ये कैसे हुआ, कुछ समझ नहीं पाई वो, इश्क़ की मारी।

बोले मीरा, तू भी कुछ तो, हंस ले, जी ले,
मैं नहीं तेरी तकदीर में,
क्यों तू दिन रात मेरे लिए मरे।
ओह मीरा, तूने कैसी पाली ये बीमारी,
मैं नहीं तुम्हारा कृष्ण मुरारी।

हंस दी सुन के बात पिया की,
बोली मुझे क्या फ़िकर, जब तकदीर हाथ में है तुम्हारे,
तुम तकदीर में नहीं, दिल में रहते हो प्यारे।
मेरे दिन और रात, सब तुम हो,
अब दिन में तू मारे, या शाम को मारे,
तुम मेरे कान्हा, मैं तुम्हारी जोगन प्यारी।
मुझे चढ़ी है, तुम्हारे इश्क़ की ख़ुमारी,
तो कैसे नहीं हुए मेरे तुम, कृष्ण मुरारी।

कृष्णा ने बोला, मीरा तुम तो जिद पे अड़ गई हो,
मुझ में ऐसा क्या है जो मुझ पर मर गई हो।
मैंने तुम्हें तकलीफ के अलावा दिया ही क्या है,
क्यों ऐसे मेरे लिए तड़प रही हो।
दुख ही दुख है इस राह पे, इश्क़ नहीं सुखकारी,
मैं नहीं तुम्हारा कृष्ण मुरारी।

मीरा ने मुह फेर लिया,
बोली तुम नहीं मेरे कान्हा, तुम हो कोई छलिया,
मेरे कान्हा के बारे में कैसे तुमने बोल दिया,
मेरे हर सुख के साथी का, कैसे तुमने नाम लिया।
मेरे तो तन मन धन है, मेरे कृष्ण मुरारी,
मेरे कान्हा का नाम, मेरे लिए है सुखकारी,
मेरे कान्हा, मेरे हितकारी,
मैं हूँ उनकी जोगन, वो हैं मेरे कृष्ण मुरारी।

कृष्णा का मन भर आया,
हाथ जोड़ के सर झुका दिया,
बोले तेरे प्रेम के आगे, नतमस्तक है तेरा कृष्ण मुरारी।
तेरा प्रेम जीता, मैं हारा,
मैं तेरा कान्हा, तू मेरी जोगन प्यारी,
तू मेरी जोगन, मैं तेरा कृष्ण मुरारी।

'मीरा' सा इश्क़

जैसे ही हाथ थामा मीरा ने,
कृष्णा के संग चलने को,
आंख उसकी खुल गई,
फिर से इश्क़ में तड़पने को।

मरती रही, जब तक मरी नहीं,
इश्क़ में किसी के वो, जग से न्यारी।
कैसी प्रीत लगा बैठी वो,
भोली सी मीरा रानी।
कैसी प्रीत लगा बैठी वो,
भोली सी मीरा रानी।

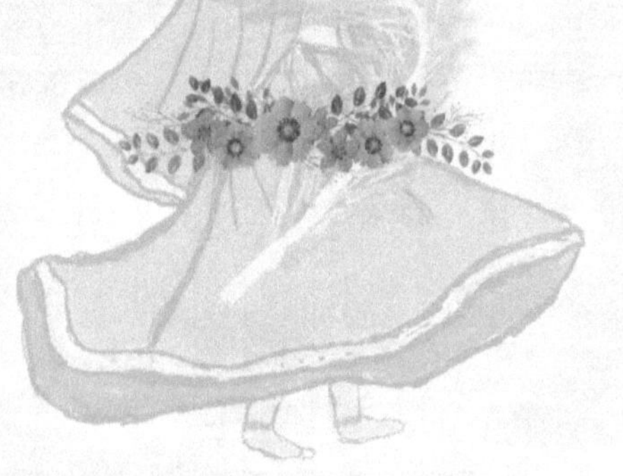

वो किसी और को देख के मुस्कुरा रहा था,
मैं उसकी मुस्कान को देख के खुश थी।

कभी जो मेरी शायरी पे, तेरी नज़र पड़ेगी,
मेरी मोहब्बत को, तेरी रूह तक तड़पेगी।

वहम हो गया था, के मेरा नहीं तो किसी का नहीं।
नजरें किसी और के साथ मिला के तूने,
मेरा ये वहम भी तोड़ दिया।

कभी इक सुलझी सी लड़की थी,
आज मैं कभी तूफान, कभी धुआँ हूँ।
फ़िलहाल, मैं ढूंढ रही हूँ खुद को,
ना जाने अब मैं क्या हूँ।

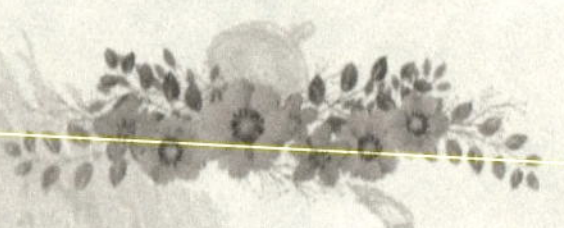

कैसे वो मेरे दिल से खेल कर,
नज़रें बचा लेता है,
मैं उसके बिना सांस तक नहीं ले पाती,
वो महफिलें सजा लेता है।

मैं जानती हूँ के, मेरे जैसा इश्क़ तुझसे नहीं होगा।
मैं मीरा जैसा इश्क़ कर बैठी हूँ,
तू आवारा बन कर ही थोड़ा चाह ले मुझे।
तू आवारा बन कर ही थोड़ा चाह ले मुझे।

अगर यही है तेरा फ़ैसला,
मैं करूँगी इश्क़ का हक़ अदा।
तेरी खुशी में, ढूंढ लुंगी अपनी खुशी,
कर दूंगी, अब से हमारे रास्ते जुदा।

दूर से ही मानूंगी, अब मैं तुझे अपना खुदा।
दूर से ही मानूंगी, अब मैं तुझे अपना खुदा।

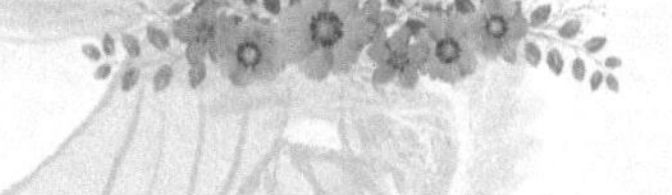

इतना तो हक़ मुझे देना चाहिए था,
इक बार तो सच कहना चाहिए था।

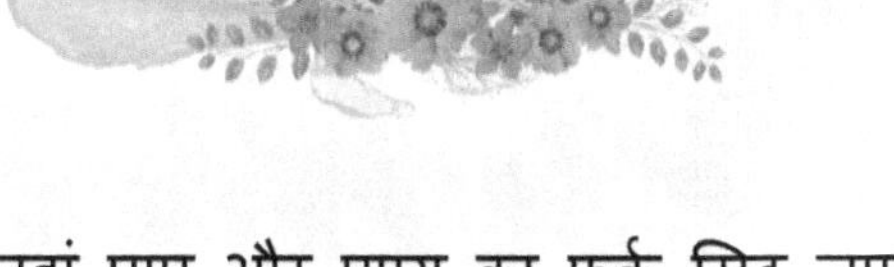

जहां पाप और पुण्य का फ़र्क़ मिट जाए,
इश्क़ की शुरुआत वहां से की जाए।

अगर दिल मान भी जाए भूल जाने को,
फिर भी क्यों, हर ख्याल में वो ही रहता है?

इश्क़ में क्या दिल से ऊपर भी कुछ रहता है?

तू निकलता ही नहीं दिल से,
मैंने खुद से लड़ के देख लिया।
रो के, मर के देख लिया,
मैंने सब कर के देख लिया।

मेरी रूह तक पे कब्ज़ा है तेरा...

मैं तेरे आस-पास बीते लम्हों को लिखती रहती हूँ।
इक दिन आएगा, जब लोग इन्हें पढ़ेंगे,
इक दिन आएगा, जब मुझसे लोग 'इश्क़' सीखेंगे,
उस दिन, लोग मेरी भी कहानी को 'लव स्टोरी' कहेंगे।

मोहब्बत चाहे बिछड़ जाए,
इश्क़ जिंदा रहना चाहिए।

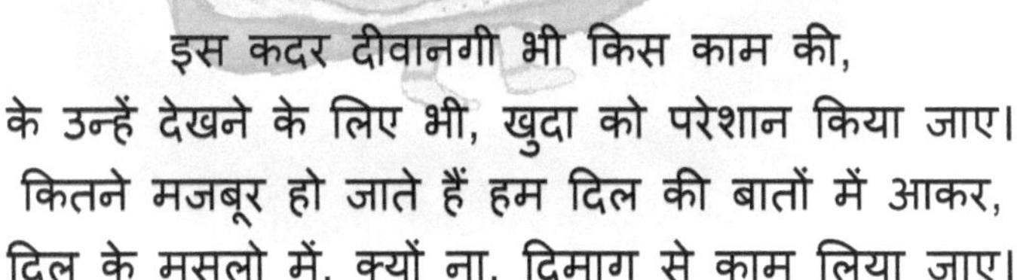

इस कदर दीवानगी भी किस काम की,
के उन्हें देखने के लिए भी, खुदा को परेशान किया जाए।
कितने मजबूर हो जाते हैं हम दिल की बातों में आकर,
दिल के मसलो में, क्यों ना, दिमाग से काम लिया जाए।

कमाल लिखती हूँ मैं, सब कह रहे हैं,
अब जाकर, मेरा 'इश्क़' मेरे शब्दों में दिखने लगा है।
आंखों में देख के भी समझता नहीं है वो,
मेरा 'इश्क़' अब 'मुशायरों तक में बिकने' लगा है।

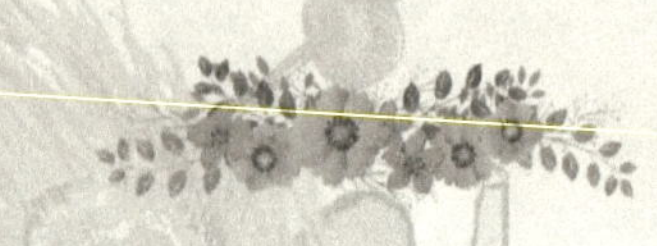

फ़क़ीरा, इलाज बता दे एस मरज़ का,
रोज मरता है इंसान जिस में।

बस नहीं रहता खुद पे,
जब देख लेता है 'खुदा' को किसी में!

मुझे उन में रब नहीं दिखता,
हर रब में वो दिखते हैं।

बहुत तकलीफ से गुजरती हूँ,
मैं चाह कर उसे, हर रोज उसकी चाहत में मरती हूँ।
मेरा इश्क़ कमाल है मगर,
ये बात उसे बताने से डरती हूँ।
हाँ, प्यार,
प्यार मैं उस से बहुत करती हूँ।

जुर्म ही होगा, इक-तरफ़ा इश्क़ भी...

जितनी तड़प इस में है,
और किसी सजा में नहीं।

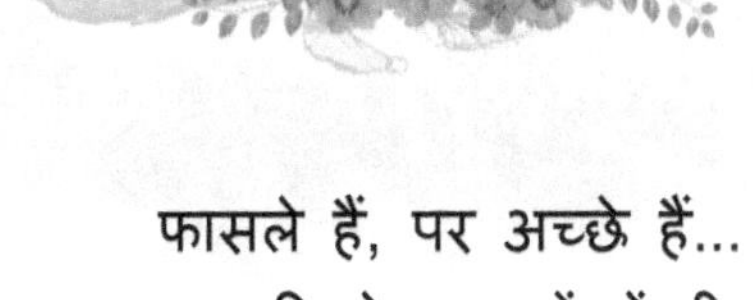

फासले हैं, पर अच्छे हैं...
कुछ रिश्ते फासलों में ही,
खुल के सांस ले पाते हैं।

तकलीफ मेरे दिल की, रूह तक समा चुकी है,
मोहब्बत उसकी झूठी सी, मुझे अंदर तक खा चुकी है।

इलाज इस लत का, कोई तो बता दो यारों,
नशा उसकी नज़र का, कोई तो उतारो यारों।

वो 'इश्क़' में मानता ही नहीं,
और मैं इस 'इश्क़' को सब कुछ मान बैठी हूँ।

उसकी झूठी सी खुदाई थी, मेरी सच्ची सी है इबादत,
पाना चाहती थी जिसे, उस चांद को देखने तक की नहीं
थी मेरी किस्मत।
उसकी कुछ पल की आशिक़ी थी,
मेरी सालों की थी मोहब्बत,
मैं जिसकी निगाहों में डूब गई,
उसकी सिर्फ दिल्लगी की थी हसरत।

जब रात को सोने जाता होगा,
उसे मेरी मोहब्बत का ख्याल तो आता होगा?
कितना मरती है इक खामोश सी लड़की उस पर,
ज़ेहन में इक बार ये सवाल तो आता होगा?

कभी तो उसे मेरा भी ख्याल आता होगा?

मैं कोई झूठा सा वादा नहीं करूंगी,
दिन रात तुझपे मरी हूँ, सारी उमर तुझ पे ही मरूंगी।
हर दिन बढ़ते इश्क़ में, हर रोज प्यार,
तुझे गुजरे हुए कल से, ज्यादा ही करूँगी।

टूटेगा दिल, हाँ मालूम था मुझे,
आशिक़ मिज़ाज, मेरे हुज़ूर है।
उतने लोगों को मैंने आंख उठा के देखा भी नहीं है,
जितने उनके दिल्लगी के किस्से मशहूर है।

धुंधला सा याद है मुझे, पर कुछ तो हुआ था,
मेरा इक तरफ सा, सालों पुराना इश्क़,
तुझे भी ले डूबा था।
आँखों में तेरी मोहब्बत थी,
हक से तूने मेरा हाथ छुआ था,
धुंधला सा याद है मुझे, पर कुछ तो हुआ था।

काश के मिले ही नहीं होते,
काश के तेरे दुख मुझ से कुछ अलग होते।
मैं तो रो-रो के बताती रही अपने सारे दुख तुझे,
काश तूने भी अपने दुख, हंस कर ही सही,
पर बताये होते।

सोचती हूँ के कभी, ऐसे ही महसूस कर लूँ तुझे।
कोई हवा का झोंका निकले तेरे पास से,
और छू ले मुझे।

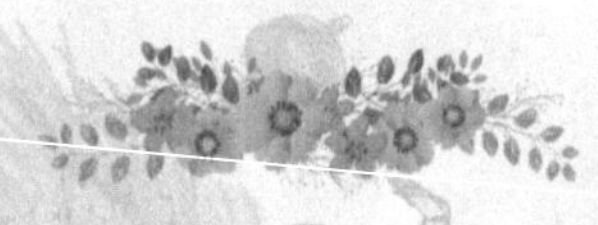

खींची जाती हूं मैं तेरी और ऐसे,
तेरी खामोश सी आंखें, मुझे पुकार रही हो जैसे।
ढूंढती रहती है तुझे, मेरी रूह हर पल,
कोई नदी लगातार बहती है समुंदर की तलाश में जैसी।

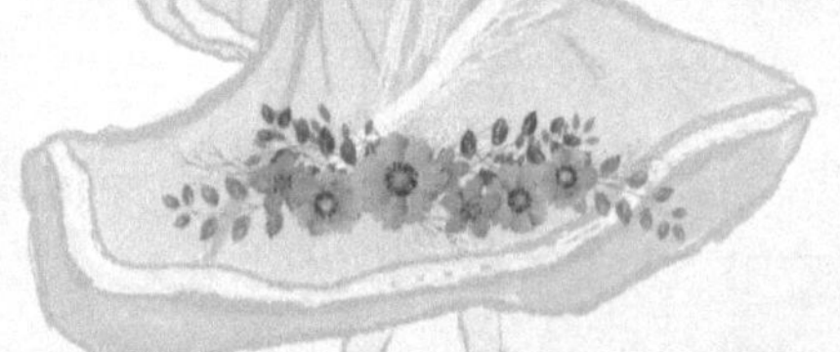

इक दिन ये, मौत सी, तड़प की भी आदत हो जाएगी,
पर तुझे देख लू हर रोज तो,
ये धरती ही जन्नत बन जाएगी।

प्यार जो है मुझे तुझसे, वो तो कातिल है ही,
पर मेरी जान, तुझे देखने की आदत ने ले रखी है।

कुछ बोला भी नहीं और इकरार हो गया,
आँखों ही आँखों में, तुमसे प्यार हो गया।
आया था तू इक दिन, दर पे मेरे खुदा बनके,
फिर कहीं तो, पता नहीं कहां, पर खो गया।

वो मेरा खुदा हो गया, पर अगले ही पल कहीं खो गया।

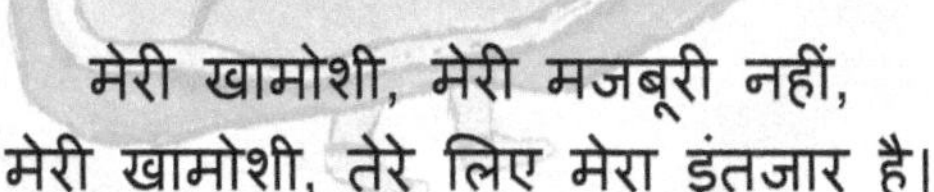

मेरी खामोशी, मेरी मजबूरी नहीं,
मेरी खामोशी, तेरे लिए मेरा इंतजार है।

मैं तो चली आऊंगी कभी भी,
इश्क़ तब हो मुकम्मल मेरा,
जब तू कहे के तुझे मुझसे प्यार है।

मुझे नहीं मालूम था, के वो लम्हा, कभी दोबारा नहीं आएगा

काश मैंने उस दिन, कुछ देर और तक,
तेरा हाथ थामा होता,
मुझे नहीं मालूम था, के वो लम्हा,
कभी दोबारा नहीं आएगा।
तू मुह मोड़ जाएगा, तेरा इश्क़ कहीं खो जाएगा।

मालूम होता तो, मैं दुनिया भूल, जी लेती उस लम्हे को,
वो लम्हा जो तेरा और मेरा था,
नहीं मालूम था, के वो पल मुझे इतना सतायेगा।

वो लम्हा, जिसके सहारे मेरा इश्क़ जीता रहेगा,
इक उम्मीद रहेगी, के कभी तो तू भी हाल-ए-दिल
बताएगा।

मुझे लगा के वापसी पे,
तू खुल के दिल की बात बताएगा,
इशारों में ना जाने क्या बोला तूने,
तेरे इशारे मुझे कौन समझाएगा।

मुझे नहीं पता था के नासमझी की इतनी बड़ी सजा
मिलेगी,
मुझे नहीं मालूम था के तू सब भूल जाएगा।

अब किस्मत में मेरी इंतजार और तन्हाई लिखी जा
चुकी है,
तेरा इश्क़ अब मुझे जन्मों तक रुलाएगा।

हाँ, इक बात मैं दावे से कह सकती हूँ,
के आज नहीं तो कल,
तू भी मुझे याद कर, कुछ तो पछताएगा।

काश मैंने उस दिन, कुछ देर और तक,
तेरा हाथ थामा होता,
मुझे नहीं पता था, के ये लम्हा फिर कभी नहीं आएगा।

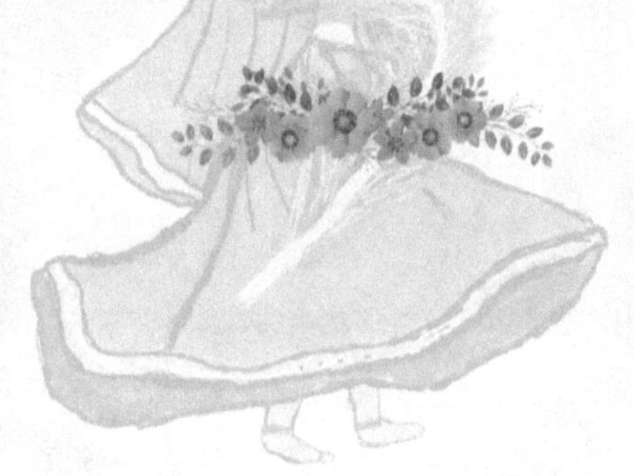

अब दुबारा से वही वक़्त आएगा,
जिस में दिन रात, बस तेरा इंतजार किया जाएगा।

न देखने की उम्मीद होगी,
न कोई सजने की जरूरत होगी,
न मिलना होगा,
न बिछड़ने पे दिल भर आएगा।
अब बस मेरे पास इक लंबा इंतजार रह जाएगा।

तू भूल गया मेरा सालों लंबा इंतजार,
मेरी आंखों में दिखता, तेरे लिए सच्चा सा प्यार।
मैं नहीं भूल पाई, तेरा मस्ती में तकना,
मैं नहीं भूल पाई, तेरा मतलबी सा इश्क़ का इजहार।

इक हाथ था, जो थामा नहीं,
इक इश्क़ है, जो निभा सकते नहीं।
इक इकरार था, जिसका किस्सा दफन हो गया,
इक प्यार है, जिसे बता सकते नहीं।

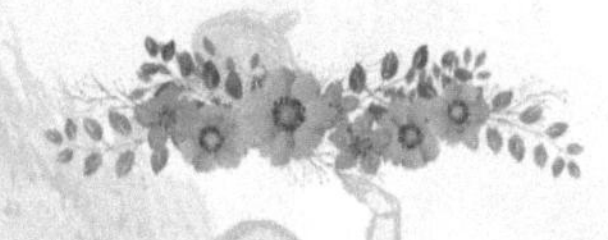

कुछ जल गए, कुछ बुझ गए,
इस इश्क़ की राह में, मंजिल किसी को ना मिली।

देख लिया जिस पल तूने मुझे,
मेरी जिंदगी उस पल में बदल गई।
मैं सँवर गई, मैं निखर गई,
थोड़ा खुल के जीने लगी, थोड़ा तुझपे मर गई।

मेरी जिंदगी उस 'एक' पल में बदल गई।

तुझे तो कभी ख्याल भी नहीं आता होगा,
कोई तेरी मोहब्बत में, मरे जा रहा है।

इक दिल है, के पुकारता नहीं थकता उनको...

इक मैं हूँ जो रूह को,
जन्मों तक का,
इंतजार करना सिखा रही हूँ।

मैं अपना हर इक किस्सा,
मेरे लफ्ज़ों में बयान करती हूँ।
जो कहानी को जोड़ पाया,
वो मेरे 'दर्द के समुद्र' को समझ गया।
जो पढ़ के 'वाह' कर गया,
वो इक बूंद मेरे 'इश्क़' की चख के चला गया।

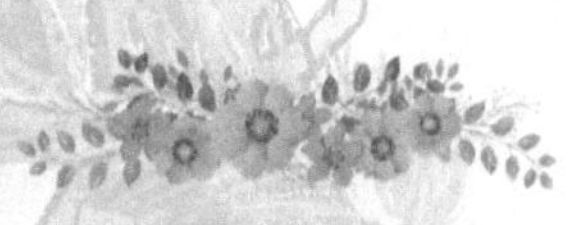

मदद करने के लिए, हर रोज आते हैं,
पंछी, हवा, चांद और सितारे,
सुनते है दर्द मेरे, कभी बताते है हाल तेरे।
इक दिन तो आह, मेरी पहुंच जाएगी उन तक भी,
दर्द अब तो दिख जाते हैं, पूरी कायनात को मेरे।

किस्से मशहूर हो रहे है कायनात में,
सच्चे से इश्क़ के मेरे।

हर वक्त क्यों मैं ही पुकारती हूँ तुमको,
दिल तो तुम्हारा भी तड़पता होगा,
मुझसे बात करने को?

ज़ख़्म इस से बड़ा क्या होगा,
कोई तुझे जान से ज्यादा चाहता है,
पर बता नहीं सकता।

मेरा इंतजार मरने के बाद वाले, जहान तक चलेगा,
तू कब आएगा, ये तुझ पे छोड़ दिया है।

अब दिल्लगी तो थी नहीं,
वरना दिल को तो समझा लेती,
इश्क़ है, रूह ने किया है, अब उसे कौन समझाए?

पागल सी तड़पती रहती है, बहकी सी, इश्क़ की मारी,
उसे अब, उनके सिवा कौन बहलाए?

अब रूह को कौन समझाए?

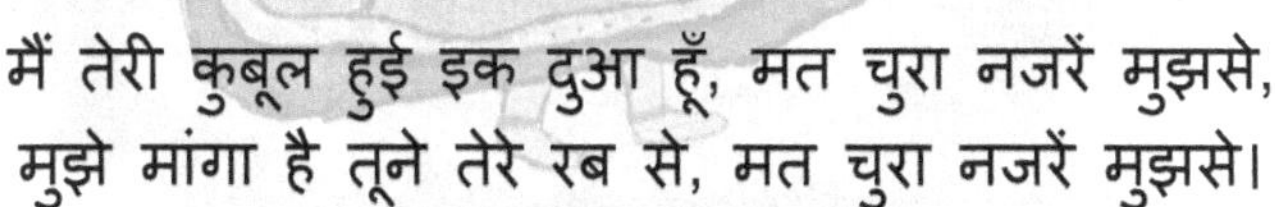

मैं तेरी कुबूल हुई इक दुआ हूँ, मत चुरा नजरें मुझसे,
मुझे मांगा है तूने तेरे रब से, मत चुरा नजरें मुझसे।

हमें तो जीना है तेरे इश्क़ में,
मरने वालों में से हम नहीं।

तू मिल जाए, तो और हसीन हो जाए,
तेरे बिना भी, ये इश्क़ जन्नत से कम नहीं।

जीना है तेरे इश्क़ में, मरने वालों में से हम नहीं।

तेरे दर पे, तेरी मोहब्बत खड़ी है,
दरवाजा तो तुझे ही खोलना पड़ेगा।
मैं दहलीज पे इंतजार कर रही हूँ,
कुछ कदम तो तुझे भी चलना पड़ेगा।

सुकून दुनिया भर का पा लिया जिस में,
तू मेरा वो जहान है।
इक तेरी तस्वीर के सहारे, साँसें चलती रहती है।
वरना अब दुनिया में, देखने को बचा क्या है।

किस दर पे दुआ कबूल होगी, कोई बता दे मुझे,
मुझे सुकून उसकी नज़र जैसा, उसके बिना चाहिए।

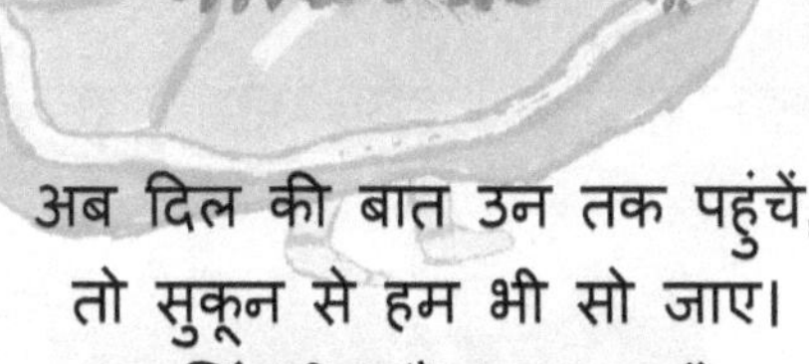

अब दिल की बात उन तक पहुंचें,
तो सुकून से हम भी सो जाएं।
ए-जिंदगी, दौर-ए-इश्क़ में,
कभी तो सुकून आए।

रोती है आंखें, तड़पता है दिल,
ऐ जिंदगी कभी तो मुझे खुशी से मिल।

आंखों में नींद अब कहां आएगी,
दिल की दुहाई अब खुदा तक जाएगी।
इश्क़ के इस दौर में, मैं खत्म हो भी गई तो क्या,
मेरी मोहब्बत मेरी 'शायरी' में जिंदा रह जाएगी।

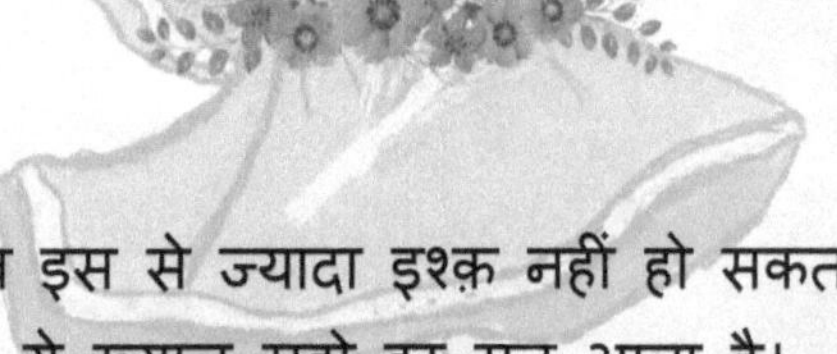

अब इस से ज्यादा इश्क़ नहीं हो सकता,
ये ख्याल मुझे हर रात आता है।
पर हर मुलाकात के बाद,
मेरा ये वहम खुद ही टूट जाता है।

मेरा प्यार हर बार बढ़ता जाता है।

वो इक लम्हा जिस में,
तू इक नज़र मुझे तक लेता है,
लाख बार शुक्रिया करती हूँ मैं खुदा को,
ऐसे हर इक लम्हे के लिए।

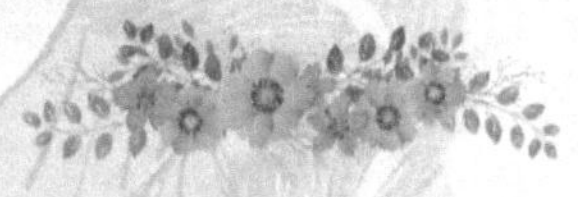

मुझ पत्थर को छू कर जिंदा कर गया,
मेरा खुदा मुझे,
हमेशा के लिए 'खुद का' कर गया।

जब से तेरे इश्क़ में पड़ी हूँ,
तेरी हर बात पे मरी हूँ।
क्या फर्क पड़ता है तू गलत है या सही,
मैं तो तुझे पाने के जिद्द पे अड़ी हूँ।

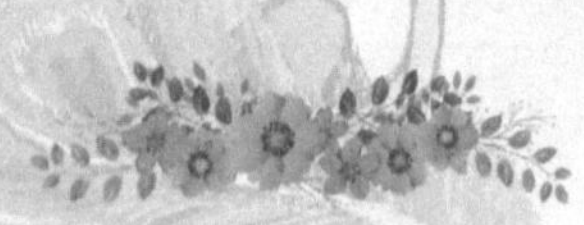

नाम मेरा उनके मुह पर आया ऐसे,
खुदा ने प्यार से बुलाया हो जैसे।

दिल नाच उठा, नाम तो लिया उन्होनें,
मैं कुछ भी नहीं हूँ, उनके लिए वैसे।

नाम ले लिया, मेरे खुदा ने मेरा, कैसे??

अगर तू भी मर रहा है,
तो तुझे अपनी जिंदगी तो दे सकती हूँ।
कुछ पल के लिए ही सही,
थोड़ी खुशी तो दे सकती हूँ।

सब तुझे दे चुकी हूँ, तेरा हो कर भी तेरा नहीं है।
तेरे दुख में तेरा साथ दूँ, ऐसी दोस्ती तो दे सकती हूँ।

और अपने खुदा को मैं क्या दे सकती हूँ।

ज़मीन पे रह के तो चांद नहीं मिल सकता,
तुझे पाना है तो, मुझे भी हाथ बढ़ाना ही पड़ेगा।

जब से चाहा है तुम्हें,
कोई और मुझे दिखता है नहीं

जब से चाहा है तुम्हें, कोई और मुझे दिखता ही नहीं।

हर बार इक नया इशारा कर जाता है मुझे,
बोल के क्यों कुछ कहता नहीं।

बस तुझे ही देखने-सुनने को दिल तड़पता है,
तू नहीं होता तो ये कहीं लगता ही नहीं।

तू ही क्यों नहीं करता, अब इलाज मेरा,
तेरे अलावा अब मेरी कोई दवा है नहीं।

जब तक इश्क़ छुपा था, मैंने खामोशी से निभाया इसे,
अब छिपाने से भी, इश्क़ छिपता ही नहीं।

जब से चाहा है तुम्हें, कोई और मुझे दिखता है नहीं।

मिल जाएगी तुझे मोहब्बत पर,
कौन मानेगा तुझे खुदा...

दिल जिसे चाहता है, उससे प्यार करता है,
आपको कोई विकल्प नहीं मिलता है।

जब नाम भगवान का लेती हूँ,
पूजती तुम्हें ही हूँ।

हाथ जोड़ के जब भी सर झुकाती हूँ,
सोचती तुम्हें ही हूँ।

तेरी हर खुशी में, खुशी बस्ती है मेरी,
खुदा बोलती ही नहीं, मानती भी हूँ।

मुझे पाने की, तुझे कोई कदर नहीं, तो ना सही,
पर दुआ है मेरी,
के मुझे खो देने का तुझे कभी गम ना हो।

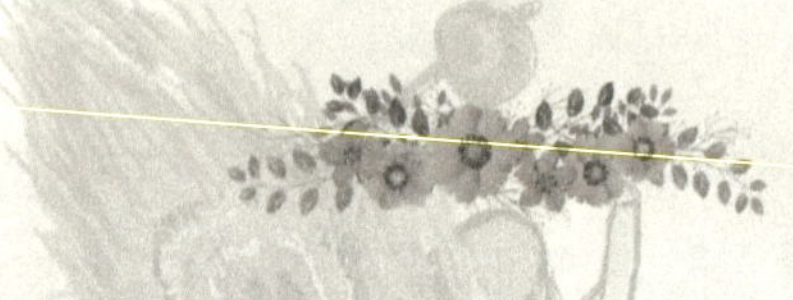

छोड़ के चल दिए हम, अपनी पहचान इक रात,
इक खोखले रिश्ते को और कब तक निभाते।
फ़ायदा या नुकसान कौन जाने,
सब कुछ खो दिया मैंने, खुद को पाते-पाते।

तेरी याद है, के इक पल भी साथ नहीं छोड़ती,
और किस्मत में मेरे, तेरे साथ इक पल भी नहीं।

शिकायत का मौका, मेरा इश्क़ नहीं देगा तुम्हें,
मरने के बाद भी मेरा दिल ढूंढेगा तुम्हें।

कम कैसे होगी, ये इबादत जैसी मोहब्बत ए-ख़ुदा,
हर सांस के साथ, मेरी रूह पुकारती है तुम्हें।

मोहब्बत मुश्किल है, पर खामोश मोहब्बत कातिल है,
मैंने हंस कर छिपा ली है,
ना होगी अब कभी ख़बर तुम्हें।

मेरी सुलझी सी आशिक़ी को, उलझाए रखते हैं वो।
कभी इंकार तो कभी इकरार में, दिल लगाए रखते हैं वो।

न बोलती हूं मैं कुछ, न कहते हैं कुछ वो,
मज़ाक थी मैं उनके लिए, तारीफ तो बनती है,
झूठी से आशिक़ी भी बहुत उम्दा करते हैं वो।

जोड़ के देख ले,
मेरे बिखरे हुए हर दर्द को...
नाम तेरा मिलेगा हर इक आंसू पे।

इक लगाव सा बांधे रखता है मुझे तुझसे,
रिश्ता दर्द का है या ज़ख़्मों का, किसे मालूम...

कहीं तो खोई-खोई सी रहती हूँ मैं,
तुझसे मिल कर, खुद-से मिल गई हूँ मैं।
आज भी, सब कुछ जाना पहचान सा है मुझमें,
पर जो पहले थी, अब वो नहीं हूँ मैं।

हाँ ,बदल गई हूँ मैं।

एक प्रेम कहानी थी, इश्क़ अभी भी है,
एक अनजाना था, दीवानी अभी भी है,
एक किस्सा हो सकता था, जो नहीं हुआ,
आस खत्म हो गई है, आंखों में पानी अभी भी है।

और कुछ नहीं तो इक नज़र देख लिया करो,
कोई मरता रहता है हर वक़्त,
तुम्हारी एक नज़र, के लिए।

मुझे पता है, मुझे जीना नहीं उसके बिना,
उसे पता है, वो मुझ पे मर नहीं सकता।

तू वो जंग है, जो मैं खुद से, हर वक्त लड़ रही हूँ,
जी रही हूँ इश्क़ में तेरे, दूरियों में मर रही हूँ।

मैंने कब चाहा के वो मुझे, दीवानों की तरह चाहे।

मैंने तो बस चाहा के,
इक बार दिल की बात खुल के बता जाए।
मैंने कब कहा के दीवाना हो जाए।

मारना चाहता है तो, मार क्यों नहीं देता,
चाहना चाहता है तो, चाहता क्यों नहीं।

कोई उससे पूछे, वो क्या चाहता है?
वो क्या चाहता है, बताता क्यों नहीं?

क्या आफत है, ये इश्क़ भी!

नज़र उठा के देख लूँ, तो वो मगरूर हो जाता है,
और इश्क़ छिपाओ तो,
मुझसे जैसे कोई कसूर हो जाता है।

क्या आफत है ये इश्क़ भी!

अब किस्मत का लिखा, कब तक टाले कोई,
कैसे अपनी जान को, खुद के दिल से निकाले कोई।

मैं कोशिश कर रही हूँ, पर नहीं हो रहा,
बिखर रही हूँ, मुझे सम्भाले कोई।

अब किस्मत का लिखा, कब तक टाले कोई।

तसल्ली सी, दिल को मैं हर वक्त देकर रखती हूँ...

तू नहीं है जिंदगी में पर, खुश तो है कहीं।
ऐसे ही मैं दिल को बहला कर रखती हूँ।

इक रात अपने चांद को, चांद दिखा रही थी,
चांद को उसके सामने खूबसूरत भी बोला ना गया।

चाँद जल गया, मेरा चाँद और निखर गया !!

इक रात मैंने, अपने चांद को,
चांद दिखाने की ज़ुरत कर दी।
ये कैसी मैंने हिमाक़त कर दी,
ये कैसी मैंने हिमाक़त कर दी...

आज कल तुझे देखने के लिए,
मेरी तड़प हल्की सी कम हो गई है।

तू आंखों में बस गया है या,
अब मुझे तुझसे इश्क़ करने के लिए,
तेरी भी जरूरत नहीं है?

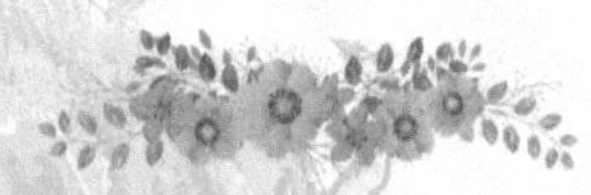

वो कहीं भी रहे, मेरे दिल में तो हर वक्त रहता है।
चुपके चुपके ज़माने से, दिल की बातें कहता हैं।

उसका इक घर मेरे साथ भी है।

ये भी तो इश्क़ ही है...

के हर ख्याल में, ना होकर भी, उसी का जिक्र रहता है।
अपना कैसे सोचे अब, बस उसी का फ़िक्र रहता है।

वो मानता है के प्यार तो है, मुझे उस से,
वो जानता है, के जान देती हूं मैं उस पे।
फिर भी कुछ कर नहीं सकता वो,
मुझ पे मेरी तरह मर नहीं सकता वो।

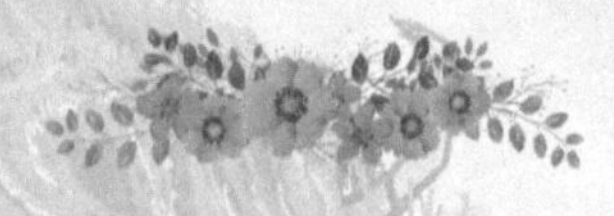

कैसे झमेले में फसाये रखते हो मुझे,
तुम्हारी आँखें,
कभी इकरार तो कभी इंकार कर जाती हैं।

नामुमकिन सा, अधूरा सा इश्क़,
एक तरफ़ा हो, तो भी पूरा है इश्क़।

नज़रें पलट कर हर बार, तेरी ओर मुड़ जाती हैं,
ये आंखें कहां दिमाग के काबू आती हैं।

पूछते हैं लोग, हर रोज चलते फिरते,
ये नूर किसका मुझमें झलकता रहता है।

मैं बोल देती हूँ के खुदा की रहमत है,
खुदा की रहमत ही तो है, के तू दिल में रहता है।

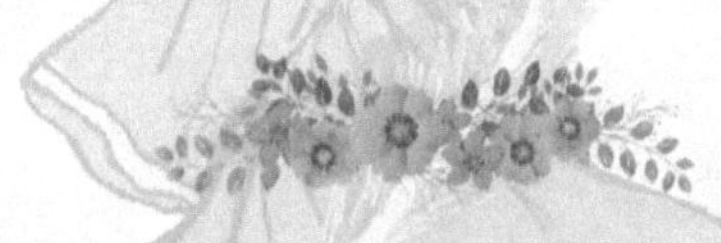

दिल तक का रास्ता, मैंने किया था तय,
अरसा लगा था मुझे, रास्ता ढूंढ़ने में।
कहां गुम हो गया प्यार तेरा,
ढूंढ रही हूँ अब पर मिलता नहीं, तेरी नजरों में।

कुछ दिन पहले तक तो था यही कहीं,
कुछ दिन पहले तक तो था यही कहीं।

शिकवा चांद से क्या करें, हर रोज बदलने का,
उसका तो मिजाज है,
हर रोज अलग तरीके से संवर के निकलने का।

आँखें बिछा कर, उस मजनू का,
मैं हर रोज इंतजार करती हूँ,
सुबह से शुरू हो जाता है, इंतजार शाम ढलने का।

शिकवा चांद से क्या करें, हर रोज बदलने का!

अब भूले बिसरे लोगों की गिनती में, मैं भी होंगी उसकी,
पहले की तरह हवा, मुझे उसका एहसास नहीं दिलाती।

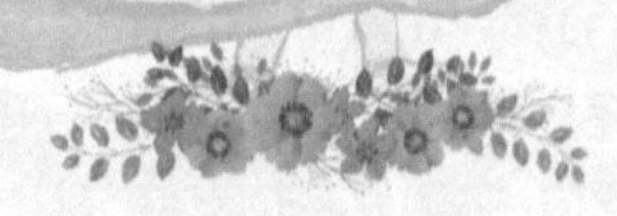

क्या गिला करूं तुझसे तेरे मुह मोड़ जाने का,
मेरी मजबूरी जैसी, कोई, तेरी भी रही होगी।

और हाँ, अगर यही थी तेरी हकीकत,
तो कैसे हुई तेरी जुरंत।
कैसे आ गया तू करीब इतने,
जान ले गई मेरी, तेरी झूठा-इश्क़ जताने की फ़ितरत।

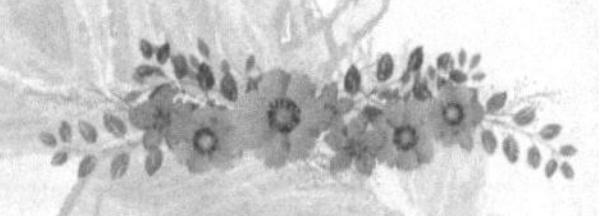

इक प्रेम कहानी थी, इश्क़ अभी भी है,
एक अनजाना था, दीवानी अभी भी है।

इक किस्सा हो सकता था, जो नहीं हुआ,
आस खत्म हो गई है,
आँखों में पानी अभी भी है।

अब से नहीं देखेंगे तुझे,
मर जाएंगे तुझे बिना देखे, तों यही सही।

अब से नहीं देखेंगे तुझे।

मर रहा था, वो तब तक मुझ पर,
जब तक मैंने उसे, अपना इश्क़ बताया न था।

मैंने उसे मगरूर कर दिया,
मैंने उसे खुद से दूर कर दिया।

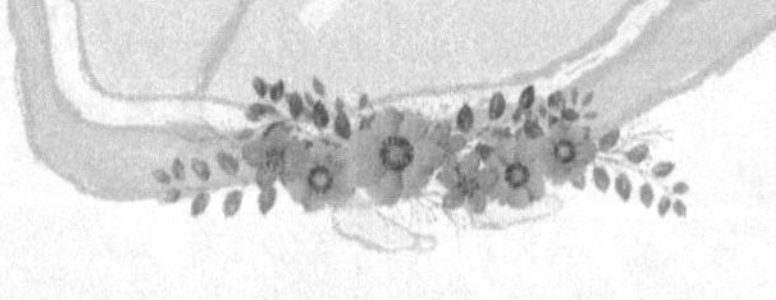

दूर रह कर वो मुझे, मुझसे बचा रहा है।
अपना इश्क़ वो खामोशी से, ऐसे निभा रहा है।

गुरूर है मुझे मेरे इश्क़ पे,
और क्यों ना हो,
ऐसी मोहब्बत मैंने,
सिर्फ किताब में पढ़ी है।

मेरे जैसी मोहब्बत बस कुछ किताबों में लिखी है।

तेरी जरूरत नहीं, तेरी हसरत है,
हसरत भी इक ऐसी, के अब और कोई हसरत नहीं,
तेरी हसरत के अलावा।

अब और कोई हसरत नहीं, तेरी हसरत के अलावा।

मैंने जिंदगी सिमटा ली है

कुछ ही पल मिले है, मुझे साथ तेरे,
उन पलों में, मैंने जिंदगी सिमटा ली है।

तेरा पास आना, तेरा हाथ बढ़ाना,
तेरा नज़रें मिलाना, तेरा कंधा दबाना,
तेरे वो पहेली-जैसे इशारे,
बस वही थे, कुछ पल हमारे,
उन पलों में मैंने मोहब्बत निभा ली है।

कुछ ही पल मिले है, मुझे साथ तेरे,
उन पलों में, मैंने जिंदगी सिमटा ली है।

तू जैसा है, मुझे वैसा पसंद है

तू जैसा है, मुझे वैसे का वैसा पसंद है,
मुझे तेरी हर सच्चाई से प्यार है,
तू झूठा है तो मुझे, झूठा पसंद है।
गुस्सा भी पसंद है, झूठा सा प्यार भी पसंद है,
अगर है नाराज, तो नाराज भी पसंद है।

दुनिया के लिए होगा तू निकम्मा,
मुझे तो मेरा, निकम्मा पसंद है।

तू जैसा है, मुझे वैसा पसंद है।
अधूरा है, तो अधूरा पसंद है,
पूरे का पूरा, पसंद है।
तू जैसा है, मुझे वैसा पसंद है।

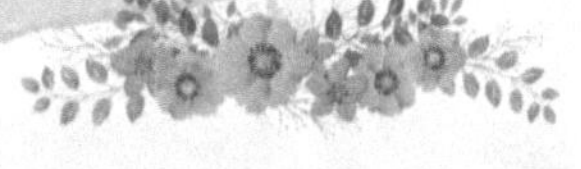

तो क्या ही इक तरफ़ा मोहब्बत रह जाएगी

तेरी अहमियत, तुझे बोल के बता पाए,
तो क्या ही अहमियत रह जाएगी।
मेरा इश्क़, मैं बार-बार तुझे गिनाती जाऊं,
तो क्या ही इक तरफ़ा मोहब्बत रह जाएगी।

तेरे ना होते हुए भी, तू रहता है हर पल पास मेरे,
तेरी कमी भी, अब कमी नहीं लगती।
तड़प कोई पूछ ले मेरी,
तो तुझे पाने की तड़प में आंसू आ जाते हैं।
तड़प ये आंखें, अब कैसे छिपा पाएंगी।

तेरी कसक मुझे कभी चैन से जीने नहीं देती,
तेरे आने की उम्मीद, मुझे मरने नहीं देती।
बेनाम सी मोहब्बत है, पर है,
कब तक, और कहाँ तक छिप पाएंगी।

तेरी अहमियत, तुझे बोल के बता पाए,
तो क्या ही अहमियत रह जाएगी।

पूरी दुनिया में इक तुझे चुन लिया है मैंने,
अब तू नहीं मिलेगा, ये भी पता है मुझे।
तो रब बना के, तेरी इबादत कर, दिल बहला लेती हूँ,
मैं अपनी इक तरफ़ा मोहब्बत को, बस ऐसे ही निभा
लेती हूँ।

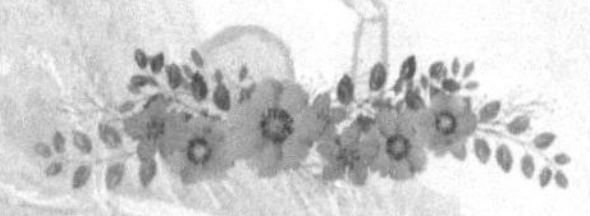

जिद बन गया है, ये इश्क़ मेरा,
गलती है तो गलत सही, कसूर है तो कसूर है।
तुझे ना पाने की मजबूरी का भी,
इक अलग ही सुरूर है।

नहीं है कोई रिश्ता तुझसे मेरा,
पर किसी और जन्म का नाता ज़रूर है।
तुझे ना पाने की मजबूरी का भी,
इक अलग ही सुरूर है।

क्यों यकीन नहीं होता तुम्हें मेरे इश्क़ पे,
क्या इतना मुश्किल है तुम्हें चाहना?

मुझे तो काम ही इक बचा है,
जागते वक्त तेरे ख्वाब देखना,
उन ख्वाबों में भी तुझे ही चाहना।

कभी शमा बन के जलती रहती हूँ,
कभी परवाना बन के,
उसी शमा में जल कर मर जाती हूँ।

तेरी मोहब्बत मुझे,
हर पल ज़िंदगी और मौत दोनो दिखाती है।

समझते नहीं या समझना नहीं चाहते...

दिल लगा लिया है मुझसे आपने,
पर इज़हार करना नहीं चाहते।
ऐसा है के, डरते हैं वो दुनिया से,
ऐसा नहीं के, मुझसे प्यार करना नहीं चाहते।

रिश्ता कोई तो है, हम दोनों के दरमियान,
जिसे तुम सुनना नहीं चाहते और मैं बता नहीं पाती।

फिर भी कोई तो रिश्ता है, हम दोनों के दरमियान।

जिसका ख्याल मुझे रूह तक खुश कर देता है।
उसका मेरी जिंदगी में होना, खुदा की नियामत ही होगी।

लगता है खुश है खुदा मुझसे,
लगता है खुश है खुदा मुझसे।

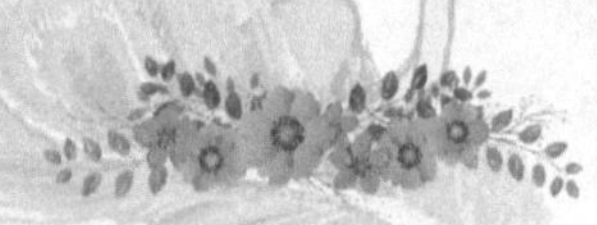

बसता है तुझमें मेरा जहां,
जन्नत तेरी नजरों जैसी है और कहां।

तू ले जाए जहां,
मैं तेरे पीछे, चल दूँ वहां।

जन्नत तेरी नजरों जैसी है और कहां।
जन्नत तेरी नजरों जैसी है और कहां।

तुझे देखने का अगर मुझे हक़ होता,
मैं तो हर पल तुझे ही देखती रहती।
तुझे सोचने के काम से छुटकारा मिलता मुझे,
मैं तुझ में कहीं समा जाती, मैं तुझ में कहीं खो जाती।

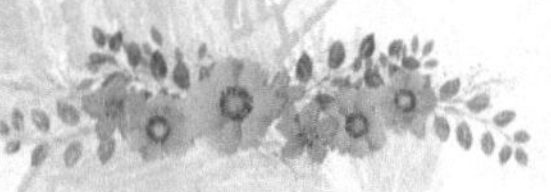

मेरे दिल तोड़ने का मलाल किस मुह से करूं तुझसे...

कसूर तेरे झूठे इश्क़ का नहीं,
मेरे सच्चे से इश्क़ में किए तुझपे, मेरे यक़ीन का है।

इश्क़ है मुकम्मल, पर शायद काफी नहीं

मेरी ख़्वाहिशों के जाल में,
अब तेरा अलावा कोई और ख़्वाहिश बाकी नहीं।

दिन रात इक ही ख्याल में डूबे रहना,
अगर इबादत है, तो मेरी ये इबादत तेरे लिए है,
तुझे खुदा मान लेना भी, क्यों काफी नहीं।

बढ़ती हूँ, थम जाती हूँ,
दायरों से बंधी मैं, हर बार बोलते बोलते रुक जाती हूँ,
जीती हूँ, के कह सकूँ तुझे,
वरना अब जीने की ख़्वाहिश तक बाकी नहीं।

इश्क़ है मुकम्मल, पर शायद काफी नहीं।

तू आ जाए तो, शुक्रिया हो तेरा,
ना आए तो भी सर झुका है मेरा।

अपने रब के राह में, आंखें बिछा कर बैठी हूँ,
दीदार के इंतजार में, समय रुका है मेरा।

इबादत में उसकी सर झुका है मेरा।
इबादत में उसकी सर झुका है मेरा।

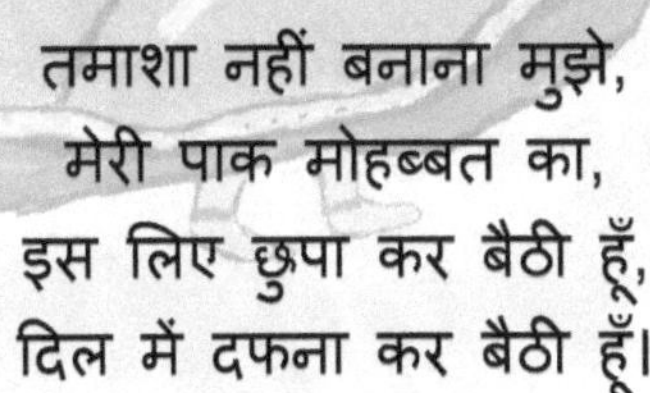

तमाशा नहीं बनाना मुझे,
मेरी पाक मोहब्बत का,
इस लिए छुपा कर बैठी हूँ,
दिल में दफना कर बैठी हूँ।

तेरी सच्चाई पे एतबार कर बैठा है,
अब दिल का क्या कुसूर,
अगर वो तेरे दिल से प्यार कर बैठा है।

यकीन है दिल को, शिद्दत से किए इश्क़ पे,
जिद्दी सा दिल मेरा, तेरी, उमर-ओ-लम्बा,
इंतजार कर बैठा है।

तेरी झूठी सी दिल्लगी से, ये दिल प्यार कर बैठा है।

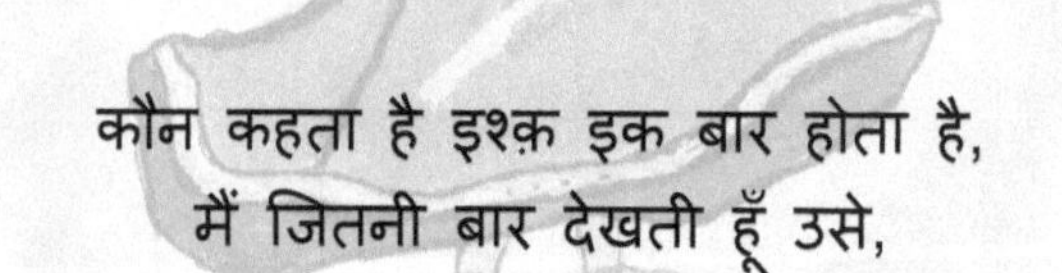

कौन कहता है इश्क़ इक बार होता है,
मैं जितनी बार देखती हूँ उसे,
मुझे उस से इश्क़, हर बार, बार-बार होता है।

झूठ कहते हैं के इश्क़ इक बार होता है।

मिलने तो आ जाओ

ख्वाबों में ही सही, पर मिलने तो आ जाओ।
देखो समझ नहीं रहा ये दिल मेरा,
उसे समझाने आ जाओ।

देख लू करीब से, तो चैन दिल को आ जाए,
मेरा दिल नहीं लग रहा, दिल को बहलाने आ जाओ।

हंसना तुम्हारा सुकून है, खुशी तुम्हारी जन्नत है,
इक बार हंस कर दिखा दो, जन्नत दिखाने आ जाओ।

खुश रहते हो, दिल को हर जगह लगा के,
मुझे ये, अपना हुनर सीखाने आ जाओ।

देखो समझ नहीं रहा ये दिल मेरा,
उसे समझाने आ जाओ।

इश्क़ फ़ितूरी चढ़ गई है

तेरी आदत लग गई है,
इश्क़ फ़ितूरी चढ़ गई है।

माफ़ करना अगर रुसवा हो गए, मेरे कारण,
आँखों से हुई, मोहब्बत की मंज़ूरी चढ़ गई है।

नशे में रहती हूँ, हर पल अब तुम्हारे,
बिना पीये मुझे, पूरी की पूरी चढ़ गई है।

इश्क़ फ़ितूरी चढ़ गई है।

मेरा इश्क़, मेरे पास रहने दो

मेरा इश्क़, मेरे पास रहने दो,
बहुत हसीन है, बहुत पाक है,
इसे तो जिंदा रहने दो।

ना हो हासिल मोहब्बत तुम्हारी,
मैं कर लुंगी, उस में भी सबर,
बस दीदार की रसम को जिंदा रहने दो।

मेरा इश्क़, मेरे पास रहने दो।

उन्हें लगा मैंने उन्हें चाहना छोड़ दिया

मैंने आंसू छिपा लिए उनसे,
उन्हें लगा मैंने उन्हें चाहना छोड़ दिया।

नज़रें चुराई पहले उन्होंने थी,
मुझसे अब क्या गिला,
अगर मैंने नज़रें मिलाना छोड़ दिया।

वो पता नहीं किसके पीछे मेरी मोहब्बत छोड़ के बैठे हैं,
मैंने उनके खातिर ज़माना छोड़ दिया।

आंखें बंद कर ली, सब के लिए मैंने,
हर रिश्ता नया या पुराना छोड़ दिया।

जिंदगी नाम कर दी मैंने जिसके,
उन्हें लगता है कि मैंने उनसे दिल लगाना छोड़ दिया।

हर एक पे मरने वाले वो, मुझसे इश्क़ कैसे करेंगे,
मैंने उनसे कोई भी उम्मीद लगाना छोड़ दिया।

तुम्हारी खुशी के लिए, दूरियों में नजदीकियां ढूँढ़ रही हूँ,
ये मत समझना कि मैंने तुम्हारी इबादत में सर झुकना
छोड़ दिया।

दिल का हाल तो दिन-ब-दिन बिगड़ता जा रहा है,
पर अब मैंने उन्हें हाल-ए-दिल बताना छोड़ दिया।

उन्हें लगता है मैंने उन्हें चाहना छोड़ दिया।

ए-मेरे ख़ुदा मुझे तू अपना कर ले

नसीब मेरे को ख़ुद से जोड़ ले,
ख़ुशनसीबी बख़्श मुझे, मुझे तू अपना कर ले।

जब-जब हाथ उठा है, दुआ में तुझे मांगने के लिए,
रुक जाती हूँ, कहीं वो ख़ुदा ना मुझसे दगा कर दे।

उस से अच्छा है, तुझसे तुझे मांग लूँ,
ए-मेरे ख़ुदा, मुझे तू अपना कर ले।

मर कर भी तू मान जाए,
तो क्या नायाब मौत होगी वो,
इजाज़त दे दो मरने की मुझे,
तेरे इकरार का इंतजार अब और नहीं होता।

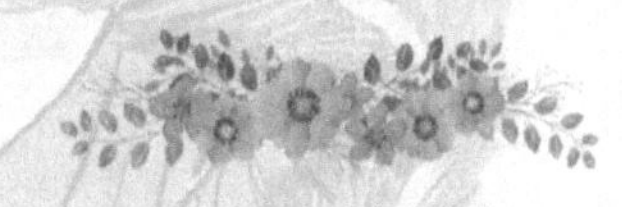

अकीदत और इबादत में झुका सा जाता है, सर मेरा,

ओ-खुदा तुझे पाने की, ख़्वाहिश है मुझे,
ओ-खुदा तुझे पाने की, ख़्वाहिश है मुझे।

तेरी तनहाई और मेरी मोहब्बत
इक बार तो इक हो जाए,
मैं तुझे खुद पे सजा लूँ, तू गोद में सर रख सो जाए।

तेरा हाथ, मेरे हाथों में हो, मेरे सपने तेरी आंखों में हो,
मैं देखती रहूं अपने खुदा को,
ऐसे ही सुबह से शाम हो जाए।

जब आया था वो पास मेरे,
तब भी कौन सी कोई उम्मीद थी उसके आने की।
इक दिन क्या पता फिर से आ जाए,
मेरी जैसी मोहब्बत ढूँढते ढूँढते।

क्या पता इक दिन फिर से आ जाए...

वो शख्स मुझे मेरा खुदा सा लगता है

छू नहीं सकती,
पर महसूस होता है,
पा नहीं सकती
पर अपना सा लगता है।

जिसकी आंखें देखती रहती है
मुझे हर पल,
वो शख्स मुझे,
मेरा खुदा सा लगता है।

दिखता नहीं है,
पर आस पास ही रहता है,
नाम ले के उसका,
महफूज सा लगता है।

सालों से जिस खुशी
का इंतजार था मुझे,
वो मेरी कुबूल हुई
दुआ सा लगता है।

बेगाना है पर कहां है बेगाना,
दुनिया में वही सबसे ज्यादा अपना लगता है।

बोलता नहीं है,
इशारों से हाल-ए-दिल कहता है,
इश्क़ थोड़ा उसमें भी
हुआ सा लगता है।

कभी इश्क़ आँखों में दिखता है उसकी,
कभी-कहीं खो गया लगता है।

कभी वो शख़्स बेगाना,
तो कभी मुझे मेरा खुदा सा लगता है।

इक मौत सी जिंदगी को,
दुआ बना दिया तुमने।
मुझे देखने के लिए तुम्हारा शुक्रिया,
छू कर जिंदा कर दिया मुझे, तुम्हारा शुक्रिया।

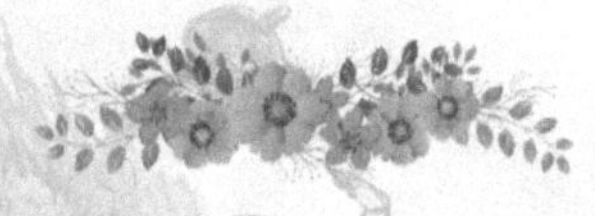

दिल में छिपा कर इक शख्स को मैंने,
खुद को, उसका कैदी बनाया है।
अब आंखें बंद कर ली मैंने, दुनिया के लिए,
बस उसे ही देखना चाहा है।

तू जिस रब को ढूंढने निकला है,
मैंने तुझमें, उसे देखा है।
तेरा रब मेरे रब के सामने, कुछ भी नहीं,
वो तेरा रब, मेरे रब के सामने कुछ नहीं।

तू किसी और के साथ खुश है,
मैं तेरी खुशी मैं खुश हूँ।
नाम तेरा ले ले कर, साँसें चल रही है,
वरना मैं कहां हे, अब जिंदा हूँ।

लम्हा लम्हा तेरे बीना,
गिन-गिन के, मर-मर के कटता है,
ना जाने ये सालों लंबी उमर, कैसे गुजरेगी।

ये इश्क़ बर्बादी है या आबादी, तू ही बता दे,
घर बिखर गया है मेरा,
तेरा प्यार दिल में सँभालते सँभालते।

तेरी हूँ, पर कहां हूँ तेरी

तेरी हूँ, पर कहां हूँ तेरी,
दिल ले लिया था तो जान क्यों छोड़ दी मेरी।
तड़प रही हूँ, तू आता भी नहीं,
मर रही हूँ, तू ख्यालों से जाता भी नहीं।

इशारों में ही सही पर बता दिया ना, इश्क़ है,
तुझे क्यों मेरे हाल पे रहम आता ही नहीं।
निगाहों में थी मैं, कुछ दिनों पहले तेरी,
कहां मार के दफना दिया मुझे, ये भी तू बताता ही नहीं।

चाहत तेरी अजीब है, तू जीने नहीं देता,
मार रहा है मुझे, पर मरने भी नहीं देता।
तेरे लिए मैं अपनी हर हद को तोड़ आई हूँ,
और तू मुझे अपना होना भी नहीं देता।

दिन में खोई रहती हूँ तेरे ही ख्यालों में,
कोई भी और ख्याल, मुझे सुकून नहीं देता।
रातों का हाल बुरा है,
तेरा इश्क़ मुझे सोने भी नहीं देता।

छू कर बना लिया तूने अपना मुझे,
अब कहां खो गया है वो प्यार तेरा,
जवाब क्यों नहीं देता?

चल रह खुश जहां और जिस के साथ तुझे खुशी मिले,
मैं खुश रहूंगी तेरी खुशी में, तेरी खुशी की दुआ करूँगी,
इश्क़ मेरा तुझे दुआ का अलावा,
कुछ और देने की इजाज़त नहीं देता।

मार रहा है मुझे तू, पर मरने भी नहीं देता।

प्यार करने का हक़ और उनका दीदार,
बस यही माँगा था उन से।
मेरे ख़ुदा से मुझे,
वो भी नहीं दिया गया।

जाने क्यों रूठा है वो, जाने क्यों रूठा है वो।

जब नाम भगवान का लेती हूँ, पूजती तुम्हें ही हूँ।
हाथ जोड़कर जब भी सिर झुकाती हूँ,
सोचती तुम्हें ही हूँ।
तेरी हर ख़ुशी में, ख़ुशी बसती है मेरी,
ख़ुदा बोलती ही नहीं, मानती भी हूँ।

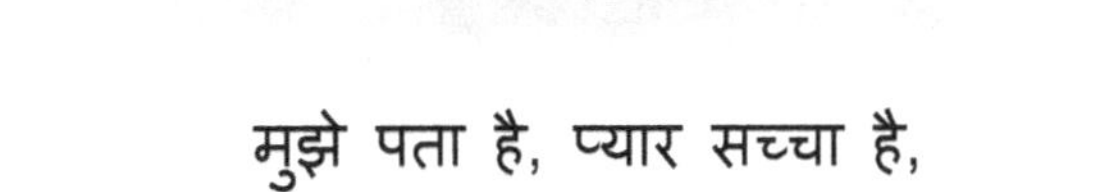

मुझे पता है, प्यार सच्चा है,
क्योंकि इतना दर्द तो सिर्फ प्यार ही दे सकता है।

तेरा हाथ पकड़ कर गुनाह किया है मैंने,
पर वो गुनाह पे, मेरी हर ख़ुशी कुर्बान।
मेरा खुदा तू ही है अब,
मरने के बाद चाहे जो भी हो अंजाम।

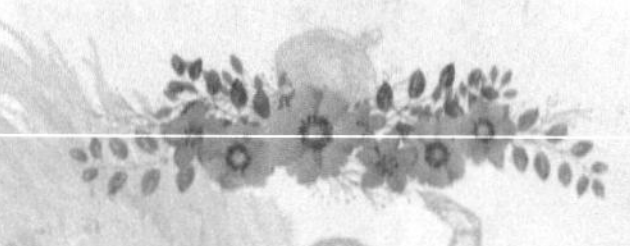

भूलना जिसे, ख़ुद को भूल जाने जैसा है,
जिस शख़्स को पाना, ख़ुदा को पाने जैसा है।
छू कर जिसकी मोहब्बत मुझे पाक कर गई,
उस से मोहब्बत करना, क्यों पाप जैसा है।

किसी के भी रहो,
दिल को सच्चाई समझा ली मैंने।
दिख जाया करो,
मेरे जीने के लिए यही काफी है।

कश्मकश है दिल में,
सुकून ढूंढ़ रही हूँ।
देख लेती हूँ तो मचल जाती हूँ,
नहीं देख पाती, तो मरती रहती हूँ।

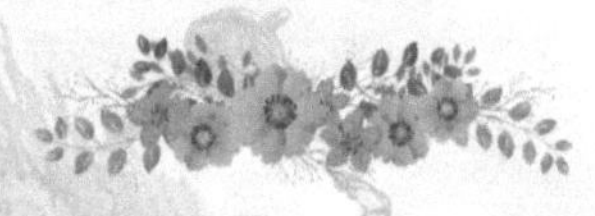

मोहब्बत को मैं सारी,
जिंदगी लिख कर बयान करती रहूँगी,
सब्र मरने तक रखूँगी,
ज़ुबान से कभी कुछ नहीं कहूँगी।

मैं जिंदा रखूँगी अपनी मोहब्बत अपने दिल में,
वो तो अब कभी कुछ नहीं कहेगा।
मैं नहीं करूँगी कोई कोशिश उसे भुलाने की,
मेरा इश्क़ पाक था, है, और रहेगा।

तेरे साथ जिए लम्हों को, बार-बार जीती हूँ,
हर बार लगता है, के इस बार तो आराम आ ही जाएगा।
ना बहलता है दिल, ना कुछ आराम आता है,
तू आ जा ना, मेरा बुझा हुआ दिल,
फिर से खिल जाएगा।

दिल बहल जाएगा,
दिल इस बार तो पक्का बहल जाएगा।

जो निगाहें सिर्फ मुझ पर रहनी चाहिए थीं,
वो क्यों इधर उधर देखती रहीं।
मैं खोजती रही अपनी मोहब्बत, उसके आंगन में,
कुछ दिन पहले तो थी, यही कहीं।

अपनी ज़िंदगी पे, मौत के तरह रो रही हूँ

सांस थोड़ा रुक-रुक के आ रही है,
घुटन हो रही है, अपनी ज़िंदगी पे,
मौत की तरह रो रही हूँ।

कुछ और सुनाई नहीं दे रहा, ना दिखाई दे रहा है,
मैं अपनी तरफ से तो बहुत कोशिश कर रही हूँ।

दिन का हर मिनट, घंटे के तरह बीत रहा है,
हर लम्हे के साथ घुट-घुट के मर रही हूँ।

खुद को आईने में भी नहीं देखा है बहुत समय से,
बंद कमरे में कम्बल के नीचे, कुछ साँसें ढूंढ रही हूँ,
नामुमकिन से इश्क़ को ज़ाहिर करके,
कभी हंस रही हूँ खुद पे, कभी रो रही हूँ।

पर हाँ, बाकी सब बढ़िया है।
दिल को ये झूठ समझाने की हिमाक़त,
बहुत देर से कर रही हूँ।

मेरे गम अब कहां दिखते हैं मुझे,
तेरे एक गम ने ही मेरी नींदें उड़ा रखी हैं।

झूठा इश्क़ करके, बहुत परेशान हुआ वो...

मेरी मोहब्बत देखकर, वफ़ा करने की नौबत आ गई थी।
मेरी वफ़ा देखकर, मोहब्बत करने की नौबत आ गई थी।

बात मौत से कर रखी है मैंने,
आख़िरी बार देखना है तुम्हें।
जैसे ही फिरोगे मुँह अपना, गले लगा लेगी वो मुझे।

बात मौत से कर रखी है मैंने,
आख़िरी बार देखना है तुम्हें।

कभी कभी लगता है, संभल जाएगा यह दिल,
फिर यही दिल, उसे देखने के लिए, मरने लगता है।

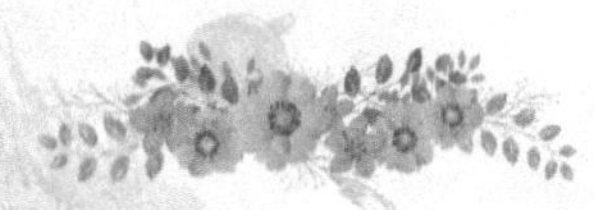

दिल से दुआ में उतरा,
दुआ की तो, सिर उसके सजदे में झुक गया,
धीरे-धीरे वो शख्स मेरा खुदा बन गया,
धीरे-धीरे वो शख्स मेरा खुदा बन गया।

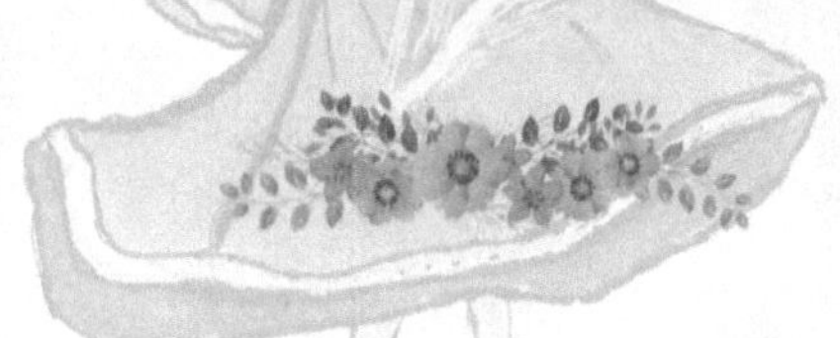

कौन से झमेले में फँसाए रखते हो मुझे,
तुम्हारी आंखें कभी इकरार, तो कभी इंकार कर जाती है।

बस उसकी ऐसी ही बातों पे प्यार आता है

प्यार बोल के नहीं बताता कभी,
पर हक़ अपना खूब जताता है,
कैसे कहूँ, उसे मेरी फ़िक्र नहीं,
वो ख़ामोश रहकर प्यार निभाता है।
बस उसकी ऐसी ही बातों पे प्यार आता है!

देख नहीं सकता, कोई और छू ले मुझे,
वो जलता है, और कुछ कह भी नहीं पाता है।
दिल मेरा एक पल में तोड़ जाता है,
फिर वो उसी बात पे खुद ही पछताता है।
बस उसकी ऐसी ही बातों पे प्यार आता है।

कभी बेफ़िक्री से नज़रें मिलाता है,
कभी यूं ही देख के शर्मा जाता है।
गुस्सा बहुत है उसमें,
पर मुझे देख कर चुप कर जाता है।
बस उसकी ऐसी ही बातों पे प्यार आता है।

सुकून भरी याद है वो,
फिर भी उसके बिना सुकून कहाँ आता है।
बहुत इंतज़ार करवाता है,
फिर जाते-जाते इशारों में कुछ तो कह जाता है।
बस उसकी ऐसी ही बातों पे प्यार आता है।

मैं हमेशा के लिए कर लूँ आँखें नीचे

वो जो कह दे तो,
चल दूँ आँख बंद कर उनके पीछे,
अगर वो कह दे मत देख किसी को,
मैं हमेशा के लिए कर लूँ आँखें नीचे।

अगर वो कह दे के, मेरे साथ जी ले,
मेरी ज़िंदगी हसीन हो जाए।
वो जो कह दे, मर जा,
मौत भी शानदार मिलेगी मुझे।

अगर वो कह दे के बन जा गुलाम मेरी,
मैं ज़िंदगी नाम कर दूँ उनके।
वो हर एक पे जान निसार करते हैं,
मैं एक इशारे पे, जान वार दूँ जिन पे।

कोई ख़्वाहिश नहीं अब उनके सिवा मेरी,
हसरत कहाँ रही है अब किसी भी चीज़ की।
अब तो इश्क़ नचाता है, मैं नाचती हूँ,
इस दिल के आगे, क्या हैसियत मुझ नाचीज़ की।

अब जैसे कहेंगे कर लूँगी,
हसरत उनकी के हिसाब से चल लूँगी।
देखेंगे तो आँखों में डूब जाऊँगी,
छू लेंगे तो खिल जाऊँगी,
कह देंगे तो मर जाऊँगी, हंस देंगे तो जी जाऊँगी।

बंध गई हूँ दिल की डोर से,
अपने पीछे अब वो जहां मर्ज़ी खींचे।
अगर वो कह दे मत देख किसी को,
मैं हमेशा के लिए कर लूँ आँखें नीचे।

जानती हूँ कि वो बेवफा है,
फिर भी उसी पर मरती हूँ।
अपने ही दिल के साथ,
मैं ये ज़्यादती हर रोज करती हूँ।

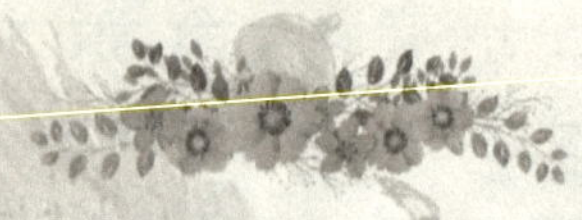

सारी उम्र, सिर झुकाती रही, खुदा मनाती रही,
गई मैं हर एक खुदा के दर पर।
अब, जब मुझे खुदा की ज़रूरत है,
तो थक चुका है, खुदा भी मुझसे।

पता था होगा, कभी तो ज़रूर होगा,
इश्क़ हुआ तो पता भी न चला मुझे।
रोते रह गए उम्र भर के, कब इश्क़ होगा,
जब इश्क़ होगा, बेहिसाब होगा, मालूम न था मुझे।

कोई बता दे उन्हें,
उनकी ख़ुशी के लिए कोई जीता है।
उस शख़्स के मोहब्बत के लिए ही सही,
ख़ुश रहा करें।

इश्क़ की और कौन सी हद को पार करूं,
मैंने ख़ुद को दे दिया तुम्हें,
तुम्हारे हक़ में बोलो और कौन सी दुआ करूं।

दूर रही जब तक लगा, के ख़ुश हो तुम,
अब और कैसे, इस इश्क़ का कर्ज अता करूं।

तुम्हारी तकलीफ़ सुन कर,
तुम्हारे दर पे सब लुटाने आ गई।
अपने इश्क़ की मासूमियत को और कैसे बयान करूं।
तुम्हारे हक़ में बोलो और कौन सी दुआ करूं।

काश मेरा इश्क़ पे बस होता

नींदें यूँ ना उड़ती मेरी,
ना ही मेरा ये हश्र होता।
रोज़ ये दिल ऐसे तड़प के ना रोता,
काश मेरा इश्क़ पे बस होता।

बस में रहती, कुछ ना कहती,
खुद में सिमटी सी थी, वैसे ही मर जाती।
क्यों हवा दी उसने मेरे राख हुए अरमानों को,
काश इश्क़ नहीं, मुझे उस से सिर्फ़ कोई मतलब होता,
काश मेरा इश्क़ पे बस होता।

अब सुकून, चैन, नींदें, सब उड़ गई हैं,
नहीं है वो सच, पर मुझे मालूम है वो झूठा भी नहीं है।
उसके मुँह पे, सच्चे से प्यार से न मुकरती,
अगर मुझे ना जमाने का फ़िक्र होता।
काश मेरा इश्क़ पे बस होता।

यूँ वो मगरूर ना होता,
उसे भी मेरा फ़िक्र होता।
नामुमकिन से सपने को भुलाने का कोई तो सबब होता,
कैसे कहूँ कि, काश तू मेरा सच होता।
काश मेरा इश्क़ पे बस होता।

बेबसी में मर रही हूँ,
उसे देखने के लिए भी,
खुदा को तंग कर रही हूँ,
काश मरने का मुझे हक़ होता।
काश मेरा इश्क़ पे बस होता।

मुझे यकीन है खुद के इश्क़ पे

मुझे यकीन है खुद के इश्क़ पे,
ऐसी दीवानगी से बच कर कहाँ जाओगे।
भागते रहे हो, जिंदगी भर डर डर के,
इस बार भागोगे, तो सारी जिंदगी पछताओगे।

चली जाऊंगी तो फिर,
मुझ जैसी झल्ली कहाँ मिलेगी आपको,
मुझे आप जहाँ भर में ढूंढते रह जाओगे।
मैंने सालों से हर सांस के साथ पुकारा है आपको,
एक दिन मुझे ढूंढते हुए आ ही जाओगे।

एक दिन तो गले लगा ही लोगे,
एक दिन तो गले लग ही जाओगे।
मुझे यकीन है खुद के इश्क़ पे,
मुझे यकीन है खुद के इश्क़ पे।

वो फिर भी बेपरवाह रहें

देखना है, बताया था ना उन्हें,
वो फिर भी बेपरवाह रहें।
ये ख़्वाहिश के साथ ही मर जाऊंगी, एक दिन,
के उन्हें भी तो कभी मेरी परवाह रहें।

उन्हें देखने की ख़्वाहिश थी बस,
मेरी हर दुआ, जिनके साथ रहें।
वो मेरे लिए इतना भी ना कर सकें,
मेरी हर बात में जिनकी बात रहें।

कैसे उन्हें याद करूँ के,
उन्हें भी कुछ याद रहें,
वो हर एक लम्हा याद आये,
जिस में वह मेरे पास रहें।

मन करता है भाग जाऊं,
इस शहर से, जहां हम एक साथ रहें।
दूर कहीं बहुत दूर, जहां,
ना कोई जिक्र हो उनका, ना हमारी कोई बात रहें।

क्या ढूंढ रही हूँ, मैं क्या चाहती हूँ,
नामुमकिन है के वो कभी मेरे साथ रहें।
दुआ करो कुछ मेरे हक में कोई,
हर रोज तड़प कर न मरूँ,
मौत मेरी कुछ तो आसान रहे।

थोड़ा तो सुकून रहे...
मरने तक ही सही पर सुकून रहे...

दिख गया चांद मुझे, आज मेरी गली में,
ये किस ने मेरे हक में दुआ अता की है।
जियो यार, खूब जियो, तुम्हारी दुआ ने,
आज मेरी जान, निकलने से बचा दी है।

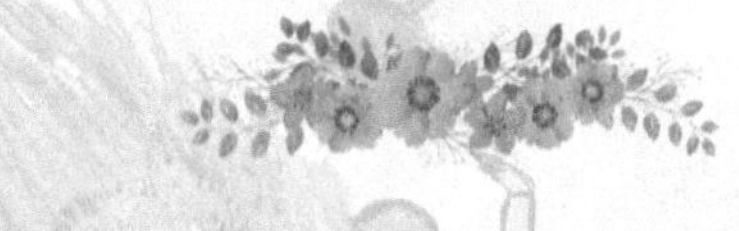

तुझे देखे बिना कोई काम हमारा नहीं होता,
साँसें तो चलती रहती हैं, पर दिल का गुजारा नहीं होता।

ठीक है, जैसा तुम चाहो,
मगरूर हो गए हो,
अब जैसे मर्जी सताओ,
और जैसे मर्जी तड़पाओ।

नहीं आना तो मत आओ, ठीक है, जैसा तुम चाहो।

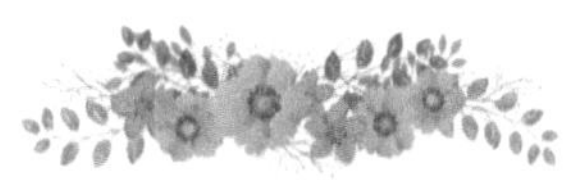

मैंने उन्हें जलाया,
उन्होंने मुझे जलाया,
सुकून सी मोहब्बत में भी,
दर्द में हम दोनों ही रहे...

प्यार हुआ है तो रहेगा हमेशा, मेरे अंदर कहीं,
मर्ज़ी तेरी है, फिर तू ज़िंदगी में रहे ना रहे।
मैंने पढ़ा है तेरी आँखों में, तेरे दिल को साफ़-साफ़,
मरता है तू भी तन्हा, इस बात चाहे तू,
बोल कर कहे ना कहे।

शहर तेरा छोड़ने का मन तो बहुत करता है,
पर तुम्हें न देख पाने की तड़प से, दिल डरता है।
यहां तेरी महक है, यहां इक अलग ही सुंदरता है,
यहां के गलियों में हर रोज़ मेरा चाँद उतरता है।

हमारे लिए कोई तो एक लम्हा आएगा,
एक दिन तू भी, बातों में हाल-ए-दिल बताएगा।
मैं समझ जाऊँगी इशारा तेरा,
जब तू अपना इश्क़ छिपा कर, खुले आम बताएगा।

जब मेरे किसी को देखने से वो जलता है,
मेरा दिल नाचने लगता है।
इसलिए थोड़ा जला देती हूँ कभी-कभी उसे,
उसके जलने में उसका प्यार साफ-साफ दिखता है।

हर एक लम्हा, जो ख़ास रहा,
वो मेरे दिल के हमेशा पास रहा।
तू था कभी, कभी नहीं भी था,
पर पास मेरे हमेशा तेरा एहसास रहा।

वो हर एक लम्हा, मेरे दिल के हमेशा पास रहा।

चाहा तो मैंने तुझे इक अरसे से है,
पर ख़ामोशी से इश्क़ निभाया है मैंने।
तू कैसे आ गया, ये किसने तुझे ख़बर दी,
सिर्फ़ ख़ुदा को ही अपना इश्क़ बताया है मैंने।

तू बहुत चेहरों को चाहता है मगर,
पर क्या कोई मेरी तरह तुझे चाहेगा।
तेरी हर ख़ुशी के लिए शुक्रिया करेगा,
तेरी तकलीफ में अपने ख़ुदा से लड़ जाएगा।

कोई कैसे तुझे मेरी तरह चाहेगा।
कोई कैसे तुझे मेरी तरह चाहेगा।

तेरा हर एक बहता आंसू मुझे दरिया लगता है,
जो नहीं बहा, वो बन गया समंदर, तेरी नज़रों का।
मैं डूब जाती हूँ, उसी समंदर में बार बार,
जब-जब देखती हूँ मैं, दर्द तेरी नज़रों का।

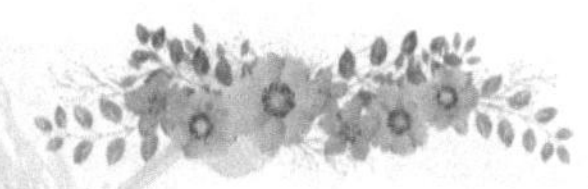

कब मिलोगे, कब कुछ बोलोगे,
सबर भी मेरा थकने लगा है, हाले दिल लिख-लिख कर।

बस अब और इशारों में बातें मत करना,
इस बार मैं रो दूंगी, हमारी बेबसी देखकर।

तेरे हक़ में कौन सी दुआ करूं,
इश्क़ की और कौन सी हद को आता करूं।
मैंने खुद को तुझे दे दिया,
तेरी तकलीफ सुन कर।

तुझे अच्छा लिख, खुद को बदनाम कर रही हूँ

इश्क़ में मैं ऐसा मुकाम कर रही हूँ,
तुझे अच्छा लिख, खुद को बदनाम कर रही हूँ।

मौत पे जब मेरी आएगी तू,
मेरी शायरी पढ़ के, मेरे इश्क़ को तरसेगा,
मैं हर लफ़्ज़ अपना, तेरे नाम कर रही हूँ।

मैं दिन रात अपनी चाहत को पन्नों पे लिखती रहती हूँ,
तुझसे मोहब्बत है, ये मैं शायरी में ऐलान कर रही हूँ।

तुझे खुदा मान कर, तेरे ही सजदे करती हूँ,
मरने के बाद तुझसे तुझे मांग लूँगी,
मैं अगले जन्म में तुझे पाने का इंतज़ाम कर रही हूँ।

तुझे अच्छा लिख, खुद को बदनाम कर रही हूँ।

खुद को उनकी यादों के लिए भी सजा के रखती हूँ,
सोचो चेहरे पे क्या नूर होगा, जब वो आएंगे।

पता नहीं क्यों, ख़ामोशी तेरी टूटती नहीं,
पता नहीं मेरे मुँह से, दिल की बात निकलती नहीं।

जब तक रुक पायी, मैं रुकी,
जब तक निभा पायी अकेले, मैंने निभायी,
अब तेरे बिना ज़िंदगी कटती है नहीं।

नसीब ऐसा खराब है मेरा,
के तुझे देखना भी नसीब में नहीं।

इश्क़ ऐसा मुकम्मल कर लिया मैंने,
के तेरे अलावा, कहीं भी कुछ और दिखता ही नहीं।

वो सब के साथ, बराबर दिल लगाता है

उसे हर एक चेहरा भा जाता है,
वो हर एक पे जान लुटाता है।
मैं देखती रह जाती हूँ,
वो सब के साथ, बराबर दिल लगाता है।

किसी को आँख मारता है,
किसी को छू के निकल जाता है,
किसी के आँखों में देख कर, उसे सपने दिखाता है,
जाने कैसे वो एक साथ, ये सब कर पाता है,
वो सब के साथ, बराबर दिल लगाता है।

खुद को न जाने क्या समझता है,
इशारों में भी बातें करता है,
मुझे तो न उसके इशारों को समझ आते,
न ही उसका ढंग,
वो इशारों में ही सब का दिल ले जाता है।
वो सब के साथ, बराबर दिल लगाता है।

आशिक़ मिज़ाज है, फिर भी,
पर दिल किसी का दुखाता नहीं।
दिल सब से लगाता है वो,
कभी किसी को रूलाता नहीं।
हर रोज़ अपना एक नया रंग दिखाता है।
वो सब के साथ, बराबर दिल लगाता है।
उसे हर एक चेहरा भा जाता है,
वो हर एक पे जान लुटाता है।

तुम मेरे मरने तक साथ देना

मैं तुम्हें सँभाल लूंगी,
तुम मुझे सँभाल लेना।
मैं तुम्हें थोड़ा शरीफ कर दूंगी,
तुम मुझे थोड़ा बिगाड़ देना।

मैं तुम पे थोड़ा मर लूंगी,
तुम मुझे थोड़ा जी लेना।
मैं तुम्हारे सजदे करूँगी,
तुम मेरे सिर पे हाथ रख देना।
मैं तुम्हारे कदमों में दुनिया बसा लूँगी,
तुम मुझे दिल में बसा लेना।
मैं तुम्हें मांगने से पहले सब दूंगी,
तुम मुझे मांगने ही मत देना।

मैं तुम्हें खुदा मानूंगी,
तुम खुदा बन मेरी हिफ़ाज़त करना।
मैं तुम्हें मरने तक चाहूंगी,
तुम मेरे मरने तक साथ देना।

मैं तुम्हारी रातें हो जाऊंगी,
तुम मेरे दिन सवार देना।
मैं तुम्हें दुनिया के नज़रों से बचाऊंगी,
तुम मुझे दुनिया से बचा लेना।

मैं तुम्हारी बंदिशें मानूंगी,
तुम मेरे साथ वफ़ा करना।
जैसे कहोगे वैसे करूँगी,
तुम अपने दिल की बात बताते रहना।

जलन हो तुम्हें तो खुल कर कहना,
नहीं मानूंगी तो, बाहों में छिपा लेना।
मैं तुम्हें सँभाल लूँगी,
तुम मुझे सँभाल लेना।

मैं तुम्हें मरने तक चाहूँगी,
तुम मेरे मरने तक साथ देना।

तू दिख जाता है, मैं मुलाकात समझ लेती हूँ,
तू बोलता नहीं तो भी, मैं तेरी हर बात समझ लेती हूँ।
तेरे इशारे मेरी समझ से बाहर हैं,
फिर भी इशारों के पीछे,
छिपे तेरे जज़्बात समझ लेती हूँ।

तू दिख जाता है, मैं मुलाकात समझ लेती हूँ।

दिखा दे ना शकल तेरी,
तेरे बिना रुक रुक चल रही है साँसें मेरी।
तू दिख जाए तो थोड़ा तो सुकून हो,
मर रही हूँ, सुन रहा है ना, आहें मेरी।

दिखा दे ना, शकल तेरी...

दिल का दस्तूर है, तुझे चाहते रहना,

चाहे तू जितना भी दूर है,

जानता है के मर रही हूँ,

तो एक बार आ क्यों नहीं जाता,

खुदा सा सनम मेरा, क्यों इतना मगरूर है।

पास हो कर भी क्यों इतना दूर है,

पास हो कर भी क्यों इतना दूर है।

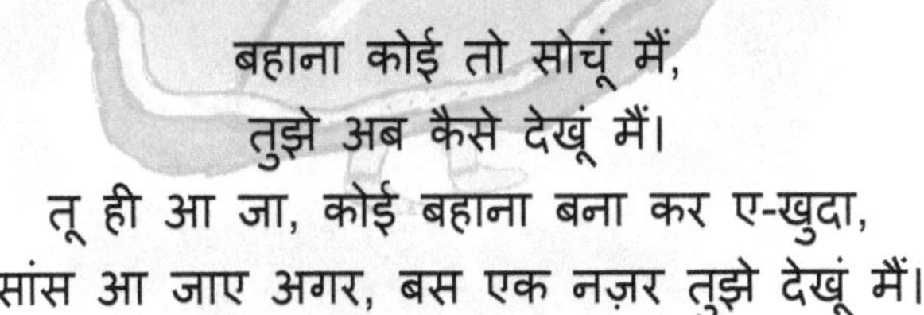

बहाना कोई तो सोचूं मैं,

तुझे अब कैसे देखूं मैं।

तू ही आ जा, कोई बहाना बना कर ए-खुदा,

सांस आ जाए अगर, बस एक नज़र तुझे देखूं मैं।

नहीं दिखोगे आज भी,
और मैं नहीं मरूंगी आज भी।
सोचती रहूंगी तुम्हें हर पल,
इंतज़ार रहेगा, तुम्हारा आज भी।

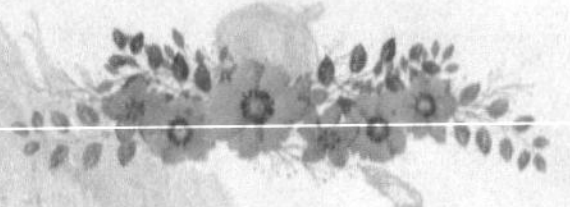

दिख जाया करो,
चाहे एक पल के लिए ही,
मेरी आंखें ढूंढ़ती रहती हैं वरना,
दुनिया की भीड़ में, तुम्हें ही।

दिख जाते हो तो सुकून सा रहता है,
नहीं दिखते तो फ़िक्र में दिन गुजरता है।
साँसें आहें बन जाती हैं,
हर शख़्स दुश्मन सा लगता है।

मगरूर हो जाए अगर वो तो मगरूर ही सही,
मैं तो खुल कर हाल-ए-दिल उसे बताऊँगी।
उसकी सादगी ने मारा था पहली बार,
मगरूरियत पर तो मैं फिर से मर जाऊँगी।

अगर मंज़ूर कर दे खुदा, एक ख़्वाहिश मेरी,
तुझे हर रोज़ देखने की मन्नत मांग लूँ।
मुझे क्या ही चाहिए फिर जीने के लिए,
मुझे फिर और क्या चाहिए जीने के लिए।

मिल जाएगा तू भी एक दिन,
इस जन्म में नहीं, तो अगले जन्म में ही सही।

इबादत तेरी कर के, मैं दिन गुजार लेती हूँ,
मोहब्बत तेरी अगर किस्मत में नहीं।

मुझे तो यह भी नहीं मालूम, कि जो हुआ, सच था,
या बस तेरा कोई रहम था।

तू था वहां, पर क्या तू मेरा था,
यह हुआ था, या बस मेरा वहम था,
या बस तेरा कोई रहम था।

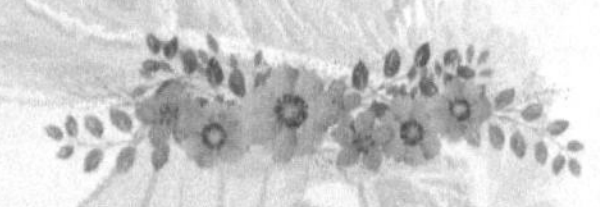

रूहानी नशा, जो कभी नहीं उतरता,
वैसे नशा सिर्फ़ इश्क़ में होता है।
किसी और के मोहब्बत कबूलने में,
और ख़ुद इश्क़ में पड़ने में, बहुत फ़र्क़ होता है।

फ़क़ीर बना दे, दुनिया भुला दे,
ऐसा टूट के प्यार तो सिर्फ़ एक तरफ़ा होता है।

तुम ही वजह थे, मेरे इज़हार-ए-मोहब्बत की,
तुम्हें तन्हा पाया तो दिल रुका ही नहीं।

जब से तू मुकरा है,
हमने तकिये से लिपटना छोड़ दिया है,
तेरे ख़्वाब तो अब भी आते हैं,
पर अब ख़्वाबों में तेरा हाथ पकड़ना छोड़ दिया है।

तेरे सितम ही तो मेरी मोहब्बत का असली मज़ा है,
ये कैसा जुनून है, तू खुद में ही एक नशा है।
इश्क़ में तेरे नाचती फिरती हूँ हर शब,
दिखता है मुझे हर जगह,
अब फर्क नहीं पड़ता के तू कहाँ है।

तू नहीं मिलेगा, पता है मुझे,
पर दुआ कर के मैं जी पाऊं।
जीने के लिए सुकून चाहिए,
कहीं तड़प के यूँ ही न मैं मर जाऊं।

सुकून कब मिलेगा,
सुकून कहां मिलेगा...

नज़रों में तेरी ढूंढ लिया मैंने अपना जहां,
मेरा जहां इतना खूबसूरत होगा, मुझे मालूम ना था।

कैसे किसी और को देखूँ अब,
कैसे किसी और को सोचने का गुनाह करूँ।
तू सिर्फ़ ज़रूरत ही नहीं मेरी,
तू इश्क़ है, तू इबादत है मेरी।

लिखते-लिखते दर्द मैंने, लफ़्ज़ों को भी रुला दिया।

पूरी कायनात को हाल-ए-दिल सुना कर,
मैंने खुदा को भी रुला दिया।

मेरी पहचान पूछ ली आज किसी ने चलते-चलते,
मैंने खुद को बस तेरी 'मीरा' बुला दिया।

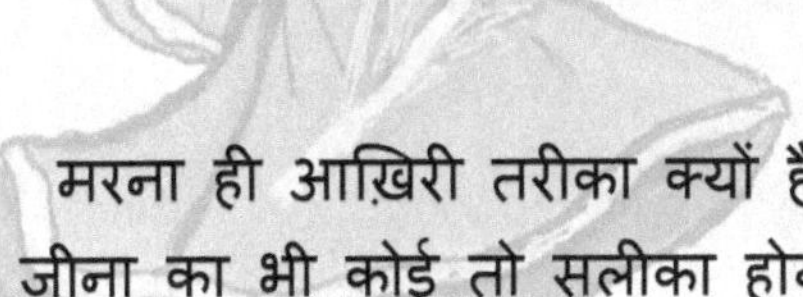

मरना ही आख़िरी तरीका क्यों है,
जीना का भी कोई तो सलीका होगा।
तुझे देखे बिना भी जी पाऊं,
कोई तो तरीक़ा होगा।

ऐसा इश्क़ में मुकाम मिल जाए,
सुकून तुझसे दूर रह के भी मिल जाए।
शहर तेरा छोड़ के, तस्वीर देख जी पाऊं,
कुछ ऐसा तरीका मेरी जान मिल जाए।

वो लड़की जो हर इक के दुख में रो पड़ती है,
तुझसे बिछड़ के क्या हालत होगी उसकी,
जरा सोच के देख।

तेरे मुकरने पे क्या हालत होगी उसकी,
जरा सोच के देख।

दिल सिसक सिसक के तड़प रहा है,
ना जाने ये क्या कर रहा है।
सहा नहीं जा रहा तो रुक क्यों नहीं जाता,
इतनी तकलीफ है तो, क्यों धड़क रहा है।

तुझसे नफरत करने की कोशिश की मैंने,
तुझे बेवफा भी बोल दिया।

पर मेरा इश्क़ नहीं बदला, मेरा प्यार नहीं बदला।

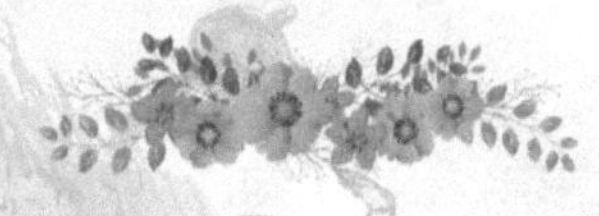

खुदा देख लिया तुझमें,
हाथ जोड़ दिए तेरे आगे।
अब मैं मोहब्बत छोड़ भी दूँ,
तो भी तेरी खुदाई साथ रहेगी।

कोई गुनाह नहीं किया है मैंने,
फिर भी सजा खुद को दे रही हूँ।
अब मेरा कोई और क्या बिगाड़ लेगा,
मैं खुद को ही खत्म करने पर तुल गई हूँ।

मेरा इश्क़ सच्चा था, मेरी मोहब्बत सच्ची थी।

हो सकता है के बाकी सब मेरा वहम हो,
तेरा छूना, तेरा तकना, तेरे इशारे वहम हो।
हो सकता है, तेरा हाथ बढ़ाना,
और मेरा हाथ पकड़ना भी वहम हो।

पर इन सब में एक बात सच्ची तो थी,
मेरा इश्क़ सच्चा था, मेरी मोहब्बत सच्ची थी।

औक़ात में रहना था,
अगर तड़प के तुझे नहीं रोना था,
सपने चांद के देखे हैं तूने,
ए-दिल तेरे साथ यही होना था।

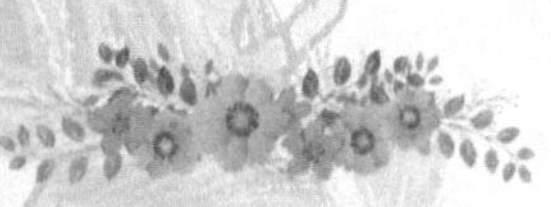

अब खुदा से, खुदा की बेवफ़ाई की,
क्या शिकायत करें,
बेवफा है, तो भी खुदा है।
अब मेरी किस्मत में यही लिखा है।

बेवफा है, तो भी खुदा है।

इक तरफ़ा ही था, इक तरफ़ा ही रख,
पाना नहीं चाहता, तो क्यों कोई उम्मीद रख।

भूल जा बाकी सब, ए-दिल तू बस इश्क़ कर।

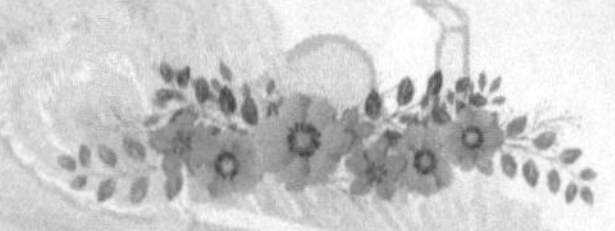

अंधेरे कमरे में, बंद हूँ।
दुनिया से छिपी हूँ, या ख़ुद से तंग हूँ?

इश्क़ किया है, कोई गुनाह तो नहीं,
क्यों मैं छिप रही हूँ, क्यों मैं तंग हूँ?

दिल परेशान है, फिर भी इश्क़ में मस्त मलंग हूँ।
क्यों छिप रही हूँ, क्यों मैं तंग हूँ?

दिख जाता है लोगों को भी अब दर्द मेरा,
वो आंखें बंद कर के, अपनी ही धुन में रहता है।

जाने किस मिट्टी का बना है, महबूब मेरा।
उसे नहीं दिखता दर्द मेरा, उसे नहीं दिखता दर्द मेरा।

क्या थी, क्या हो गयी हूँ?

लाश थी? जिंदा हो गयी हूँ,
या जिंदा थी? अब लाश हो गयी हूँ।

साँसें चल रही हैं,
पर क्यों लग रहा है, के मर गयी हूँ?

क्या थी, क्या हो गयी हूँ?

ढूंढूं कोई मंज़िल, अब मैं भी,
जहां इश्क़ के मारे बंदों को सुकून हो।
तड़पते दिल का कोई तो इलाज हो,
मरती रूह के लिए, कोई तो जुनून हो।

मिले कोई तो मंज़िल अब, जहां मुझे सुकून हो...

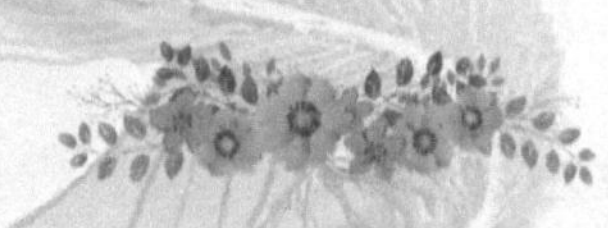

कभी मर जाने को मन करता है,
कभी कहीं भाग जाने को मन करता है,
मन के बस में अब नहीं जीना मुझे,
मन तो पता नहीं क्या-क्या करता है।

जो सिर्फ़ प्यार से शुरू हुआ,
जिस में कोई मतलब था ही नहीं।
मैंने ऐसे इश्क़ को महसूस किया है,
मैंने जमीन पर जन्नत को पा लिया है।

मैंने इश्क़ को जिया है,
मैंने इश्क़ को जिया है।

चलो, इश्क़ तो हुआ,
चाहे एक तरफ़ा।
सबूत है ये, मेरे आज भी जिंदा होने का।

शहर छोड़ के तेरा,
गुमनाम हो जाऊंगी।
चलता फिरता चेहरा हूँ आज,
बस एक नाम रह जाऊंगी।

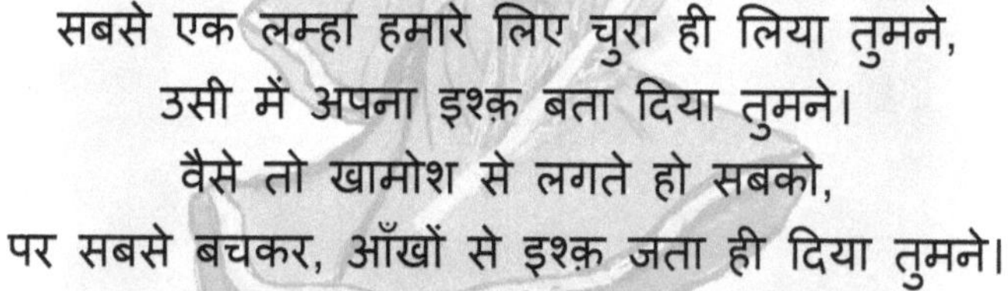

सबसे एक लम्हा हमारे लिए चुरा ही लिया तुमने,
उसी में अपना इश्क़ बता दिया तुमने।
वैसे तो खामोश से लगते हो सबको,
पर सबसे बचकर, आँखों से इश्क़ जता ही दिया तुमने।

सबसे एक लम्हा हमारे लिए चुरा ही लिया तुमने।

मस्त मलंग बन गया

प्रेम रस जिसने पिया, यह हर एक को दिखा,

चमका चेहरे पर, नूर बनकर,

यह छिपाने से फिर, कहां छिपा।

मस्त मलंग बन गया, जिस-जिस ने इसे छुआ।

एक चेहरे ने मोह लिया, फिर नींदें उड़ाई,

फिर जान ली, अब जान पे बन आयी।

कसूर किसी का नहीं, अगर यह इश्क़ छिपाए नहीं छिपा,

मस्त मलंग बन गया, जिस-जिस ने इसे छुआ।

तमन्ना में किसी के हर रोज़ जीना और हर रोज़ मरना,

आसान नहीं है रोज़ मर-मर के भी जिंदा रहना,

वो इश्क़ ही क्या जिसमें, तेरा दर्द सब को नहीं दिखा।

मस्त मलंग बन गया, जिस-जिस ने इसे छुआ।

अब उन्हीं में दुनिया दिखे, उन्हीं में जन्नत,

सब मोह छूट गए, अब वही है मेरी मन्नत,

वो इश्क़ ही क्या, जिसमें सरे आम ईमान ना बिका।

मस्त मलंग बन गया, जिस-जिस ने इसे छुआ।

दीवानी नहीं, जोगन कहो मुझे

दीवानी नहीं, जोगन कहो मुझे,
मैं तो बस नाम लूँ उसका,
बस वही हूँ, वही कहो मुझे।

गाती रहती हूँ, गुनगुनाती रहती हूँ,
उसे बस प्यार करती रह, खुद को समझती रहती हूँ।
आँखें दरस को तरसती रही हैं,
मैं उसे ही सांसों के साथ बुलाती रहती हूँ।

अब दीवाने कहाँ,
सांसों के साथ नाम ले पाते हैं,
दीवानी नहीं, जोगन हूँ,
बस वही हूँ, वही कहो मुझे।

सारा दिन उसकी धुन पे,
उसके खयालों में नाची मैं,
वही ही सब जगह दिखता रहा,
कुछ तो पागल हो गई हूँ, हाँ जी मैं।

देखो देखो दीवानी नहीं हूँ,
जोगन हूँ, हाँ जी मैं।
अब कहाँ कुछ और नज़र आता है मुझे,
दीवानी नहीं, जोगन कहो मुझे,
बस वही हूँ, वही कहो मुझे।

इशारा तो किया, अब यह भी बता दो,
हाल पूछ रहे थे या इज़हार था वो।

लो, बन गई बेफिक्र, नहीं लग रहा है मुझे कोई डर,
तुमने ही बोला था ना, जी लूँ खुल कर,
और ना करूँ दुनिया की फ़िक्र...

आजाओ, जियेंगे मिल कर,
आजाओ, जियेंगे खुल कर।

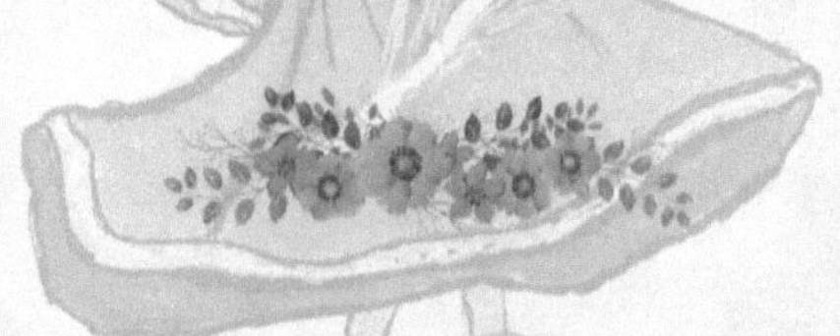

इश्क़ है तो इश्क़ रहेगा,
तू क्या करता है, इससे मुझे फर्क नहीं पड़ता।
दिल के हाथों मजबूर हूँ मैं,
अब इस दिल को जीने मरने से भी फर्क नहीं पड़ता।

मैं अपने यार को क्या बांधूँ

प्यार में बंधी हूँ,
प्यार को क्या बांधूँ,
वो आवारा है, हर एक पे मरता है,
मैं अपने यार को क्या बांधूँ।

कहता है, इश्क़ करता है,
वो सब से यही कहता है,
वादा-ए-यार को क्या मानूं,
वो हर एक पे मरता है, मैं अपने यार को क्या बांधूँ।

दिल पे हाथ रख, दिल ले जाता है,
थोड़ा हँस दे, तो जान ले जाता है,
मैं कभी अपना तो कभी उसे खुदा मानूं,
वो हर एक पे मरता है, मैं अपने यार को क्या बांधूँ।

हालत पूछता है, खयाल रखता है,
पर ये वो सब करता है,
अब मैं उसके वादा-ए-ऐतबार को क्या मानूं,
वो हर एक पे मरता है, मैं अपने यार को क्या बांधूँ।

खुश रखता है, खुश रहता है,
मस्त मलंग है, मस्त रहता है,
आशिक़ सा मिज़ाज है, आशिक़ी कैसे मानूं,
वो हर एक पे मरता है, मैं अपने यार को क्या बांधूँ।

कभी हाथ पकड़े, कभी आँख मिलाए,
फिर आँखों से करें बातें,
मैं उसके इशारों को क्या मानूं।
वो हर एक पे मरता है, मैं अपने यार को क्या बांधूँ।

सोचती हूँ के बाहों में बांध लूँ,
कभी उसे ज़ुल्फों में सजा लूँ,
हर जगह उसे देखूँ, तो कैसे ना खुदा मानूं,
वो हर एक पे मरता है, मैं अपने यार को क्या बांधूँ।

मेरी नजर न लग जाए, कहीं सोच सोच के

रोज इतना सोचती हूँ, उनके चेहरे को,
मेरी नजर न लग जाए, कहीं सोच सोच के।
दिल बैठा जाता है, कभी नचाने लगता है,
सुरूर ये कैसा चढ़ता है, उन्हें सोच सोच के।

कितने सुंदर हैं, कितने पाक हैं,
दिल आंखों पे मरता है, उन्हें सोच सोच के।
कभी दिल प्यार करता है, कभी दिल उनसे डरता है,
फिर भी पास जाने को तड़पता है, उन्हें सोच सोच के।

दिख जाए तो सिमटा सा रहता है, न दिखे वो तो,
दिल टूट के बिखरता है, उन्हें सोच सोच के।
मौत से अब कहाँ, इसे डर लगता है,
उनके प्यार में जीता-मरता है, उन्हें सोच सोच के।

रोज सोचते हैं, उनके चेहरे को,
मेरी नजर न लग जाए, कहीं सोच सोच के।

मेरी बातें उनसे, अकेले में ख़त्म ही नहीं होती,
और उनके सामने मेरी ज़ुबान ही नहीं खुलती।

क्यों लिखती हूँ मैं तेरी मेरी कहानियां,
अमर करना है मुझे इश्क़ मेरा।

अब मेरे मरने के बाद भी हमारा किस्सा रहेगा,
मेरी डेयरी में, मेरा इश्क़ और तू, हमेशा जिंदा रहेगा।

मैं हर रोज़ सोचती हूँ

एक नयी कहानी तेरे साथ,
मैं हर रोज़ सोचती हूँ,
तेरे साथ, हाथों में हाथ,
मैं हर रोज़ सोचती हूँ।

इश्क़ हुआ, तो बस इश्क़ हुआ,
तू मिल जाएगा, मैंने सोचा न था,
अब जब मिल गया, तो क्या बात करूँ,
मैं हर रोज़ सोचती हूँ।

जब देखा तुझे, तू चाँद लगा,
चाहा तुझे, तू रब बन गया,
अब मेरा है, अब तुझ में क्या देखूँ,
मैं हर रोज़ सोचती हूँ।

एक सूनापन दिल में हर वक़्त रहता है,
ये दिल देखे बिना तड़पता रहता है,
तुझे देखे बिना कितने दिन जी सकती हूँ,
मैं हर रोज़ सोचती हूँ।

तू दिल में ही रहता है, फिर भी,
बस तुझे देख के ही क्यों, सुकून मिलता है,
ऐसा तेरी नज़रों में मुझे क्या दिखता है,
मैं हर रोज़ सोचती हूँ।

तेरे दर्द से प्यार किया,
तेरी सच्चाई पे मर गई,
अब तुझे ख़ुश रखना है, पर कैसे?
ये सवाल मैं ख़ुद से हर रोज़ करती हूँ।

तू सोच भी नहीं सकता,
मैं कितना तुझपे मरती हूँ,
एक नयी कहानी तेरे साथ,
मैं हर रोज़ लिखती हूँ।

खुद को सस्ता कर मैंने,
उसे नायाब कर दिया।
मैंने अपने चाँद को रब मान कर,
उसे आफताब कर दिया।

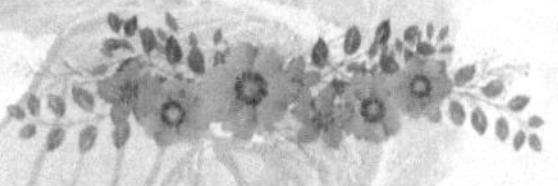

इक दिन वो लम्हा भी आएगा,
जिस दिन तू अपना प्यार दिखाएगा।
टूट कर मैं भी रो ही दूंगी,
जिस दिन तू मुझे अपना बताएगा।

मैंने तो बस चाहा तुझे

ना मांगी कोई दुआ, ना तेरे लिए कहीं सिर झुकाया,
मैंने तो बस चाहा तुझे, और दिन रात चाहा।

ना मांगा तुझे किसी खुदा से,
ना तुझसे कोई उम्मीद की,
ना तुझे कभी पास बुलाया,
फिर किसने ये करके दिखाया।
मैंने तो बस चाहा तुझे, और दिन रात चाहा।

हाँ तड़पी बहुत, रातों को चीख-चीख कर तेरा नाम लिया,
दिन रात सोचा तुझे,
मैंने तुझे अपना फिर खुदा मान लिया,
किसने तुझ चांद को, मुझे खाक से मिलाया,
मैंने तो बस चाहा तुझे, और दिन रात चाहा।

शायद सारी कायनात ने मिलकर,
हमें एक दूसरे से मिलाया,
तुझ नामुमकिन सी मेरी ख़्वाहिश को,
मेरे इश्क़ का पता बताया,
किसने तुझ चांद को, मुझ खाक से मिलाया,
मैंने तो बस चाहा तुझे, और दिन रात चाहा।

तुझे भूल जाऊं? हो भी कैसे सकता है?

वो इश्क़ भी क्या जो तेरे बिना तुझे भूल जाए,
हाँ, तू दूर है, फिर भी...
तुझे भूल जाऊं? हो भी कैसे सकता है?

हाँ, मिलने की कोई आस नहीं,
तू आएगा, अब तो इसका भी विश्वास नहीं,
पर फिर भी इश्क़ में तेरे जीया करती हूँ,
साँसें लिया करती हूँ, हर सांस के साथ मरा करती हूँ,
ऐसी जान को भूल जाऊं? हो भी कैसे सकता है?

नामुमकिन सी मोहब्बत को,
दिल से निभाया है मैंने,
तुझसे दिल्लगी की, दिल को जलाया मैंने,
मेरे खुदा के जगह तुझे देकर,
सिर आँखों पे बिठाया मैंने,
अपने खुदा को भूल जाऊं? हो भी कैसे सकता है?

जिस राह पे हम साथ चले,
वो रातें जो तुझे देख कर बीती,
वो साँसें जो तेरे करीब ली मैंने...
वो मन्नतें जो तेरी ख़ुशी के लिए की,
उस रात को भूल जाऊं? हो भी कैसे सकता है?

तू नहीं था, फिर भी पास रखा मैंने,
तेरी यादों को अपने साथ रखा मैंने,
बेवफ़ा है तू, फिर भी आँख बंद कर तेरा इंतज़ार किया,
मैंने हर बंदिश को तोड़ा, तुझे टूट कर प्यार किया,
ऐसे प्यार को भूल जाऊं? हो भी कैसे सकता है?

अब तूने तो कभी कुछ बोला नहीं,
मैंने भी तुझसे कभी कुछ मांगा नहीं,
पर एक बात पक्की है, मुझे तुझे देखे बिना जीना नहीं,
इस से पहले के मैं तुझे भूल जाऊं,
मैं मर जाऊं... मैं मर जाऊं...

तुझे देखे बिना जी पाऊं? हो भी कैसे सकता है?
तुझे भूल जाऊं? हो भी कैसे सकता है?

भीड़ में भी तनहा होने का, खोने का, रोने का,
हुनर बख़ूबी जानती हूँ।

बचपन से मुझे इसका तजुर्बा बहुत है।

हँसती, खेलती, नाचती, झूमती रहती हूँ,
मेरा गम में बख़ूबी सब से छिपा लेती हूँ।

यह कैसा प्यार है के, बस आंसू ही देता है,
कैसी यह बरसात मेरी आंखों से होती रहती है।

हर कुछ दिनों में,
रात तेरी यादें ताजा कर जाती हैं।
मैं सोचती हूँ भूल गई हूँ,
फिर आंखें क्यों हर बात पर भर आती हैं?

तुम्हें देख लेना, सुकून... है...
पर तेरा हर वक़्त किसी और को देखना, बर्दाश्त नहीं
होता।
मुझे मालूम है, तुझपे हक़ नहीं मुझे,
पर तेरा किसी और को देखना, बर्दाश्त नहीं होता।

ग़मगीन

सीने से लगा के रोना था,
मुझे बस तेरे गम में तेरा होना था।

मैंने कब मांगी तुझसे कोई ख़ुशी, तू रो रहा था,
मुझे तेरे लिए रोना था।
मुझे फ़िक्र हो रही थी, मैं तेरे गम में मर रही थी।
जिसकी ख़ुशी दिन रात ख़ुदा से मांगती रही,
वो ख़ुशी जाने कहाँ खो गई थी।

तू रो रहा था, मैं मर रही थी,
तू तन्हा था, मैं वहां हो कर भी तेरी नहीं थी।
तू चला जाएगा, ये गम अलग था,
तू कब आएगा, ये मौत अलग से मैं मर रही थी।

वो दिन, एक सदमे सा, ज़िंदगी भर के लिए बन गया,
तू एक बार रो कर,
मुझे उम्र भर के लिए ग़मगीन कर गया।

मैं तेरे साथ आख़िरी साँसें भरूंगी।

चल आजमा के देख ले आज मुझे,
मैं तेरे साथ आख़िरी साँसें भरूंगी।

जैसे कहेगा वैसे करूँगी,
मैं तेरी हर जिद्द को, सिर आँखों पे रखूंगी।
सँभाल लेगा तो सिमट जाऊंगी,
बिखरा देगा, तो ख़ुशी से बिखरूंगी।

तू घूरेगा, मैं डरूंगी,
तू संवारेगा, मैं निखरूंगी।
तू बिगड़ेगा, मैं खुल कर बिगड़ूंगी,
छिपाएगा, तो छिप जाऊंगी।

सब को बताएगा, मैं साथ निभाऊंगी,
तू बिगड़ेगा, मैं हाथ जोड़ मनाऊंगी।

बस ये बात समझने में रात हो गयी

मेरा इश्क़ जीता है या उसकी मात हो गयी,
बस ये बात समझने में रात हो गयी।
अब तू ही समझा दे, के तेरे इशारों का क्या मतलब था,
मेरी कहानी ख़त्म हो गयी या इसकी शुरुआत हो गयी।

वो आ गया, मेरे पास, जिस तक सपनों में भी न पहुंची,
वाह जी, करामात हो गयी।
पर जब आया, मेरे होंठ सिल गये, आँखें झुक गयी,
और फिर आँखों ही आँखों में दिल की बात हो गयी।

मुझसे कुछ बोला नहीं जाता,
उसने तो बोलना ही नहीं है,
ये कैसी कहानी मेरे साथ हो गयी।
चांद उतर आया मेरे घर,
वो खाक हो गया, या मेरी चांदनी से औक़ात हो गयी।

खुदा देखेगा इश्क़ दोनों का, चांद सितारे भी नाचेंगे,
अगर हमारी तन्हाई में मुलाक़ात हो गयी।
मेरी कहानी ख़त्म हो गयी या इसकी शुरुआत हो गयी।
ये कैसी कहानी मेरे साथ हो गयी।

तभी पता था

क्या प्यार, क्या इज़हार, क्या इकरार, क्या इंकार,
कुछ नहीं होने वाला है।

जिस दिन मोहब्बत हुई थी, तभी पता था,
ये दिल अब इश्क़ में बहुत रोने वाला है।

रोका बहुत, टोका बहुत,
कोसा बहुत, पर कहाँ सुनता है ये पागल दिल,
ये तो बस इश्क़ में पड़कर खोने वाला है।

तकलीफ़ अब इसकी किस्मत में लिख दी गई है,
अब ये सुकून से कभी नहीं सोने वाला है।

जब इश्क़ हुआ था उनसे, तभी पता था,
के कुछ नहीं होने वाला है।

सबके दिलों की उलझन तब सुलझ जाए,
जब इश्क़ में दिल टूटे, तो भी सुकून मिल जाए।

गुमनाम सी मोहब्बत हो, एक प्यारी सी,
इश्क़ को जाहिर भी ना करो और उनकी इबादत भी हो
जाए।

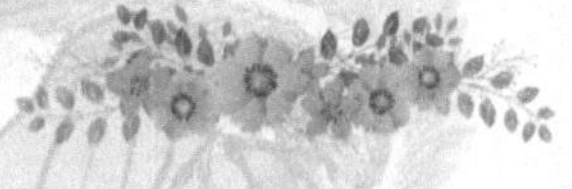

बहुत मुश्किल है वहाँ रहना,
जहाँ उनकी यादें रहती हैं।

सोचती हूँ छोड़ जाऊँ मैं ये शहर उनका,
पर बहुत मुश्किल है, छोड़ जाना,
यहाँ उनकी यादें रहती हैं।

सालों तक तन्हा सहा, इस प्यार को,
नजर के कायल हम, हमें पाने से 'था' क्या मतलब।

जब पता है तू भी चाहता है,
तो मैंने भी इश्क़ नज़रों से जाहिर कर दिया,
अब छिपाने से भी क्या मतलब।

कितनी मौतें मरी हूँ,
सालों बाद, इक आवाज़ से ज़िंदा हुई हूँ...

और वो पूछते हैं,
के मुझे ख़ुदा क्यों मानती हो?
के मुझे ख़ुदा क्यों मानती हो?

अपने दिल की शिकायत करनी है ख़ुद से,
मेरा हो कर ये, उनके लिए धड़कता है।

सब ठीक हो जाएगा, ये यकीन मुझे करना पड़ेगा...

उसने मुझे बोला है,
के 'सब ठीक हो जाएगा'।

बाहों में तेरी, मिल जाएगा मुझे स्वर्ग मेरा,
मरने के बाद जन्नत की अब मुझे तलाश नहीं।
खुल कर गलत होना है साथ तेरे,
अब खुशियों की किसी और खुदा से आस नहीं।

मरने के बाद जन्नत की अब मुझे तलाश नहीं।

कैसे भूलना है तुझे,
इसका तरीका मैंने बहुत लोगों से पूछा।
कुछ बोले, मसरूफ़ हो जा काम-धाम में,
जो आशिक था, वो मुझपे हंसकर चल दिया।

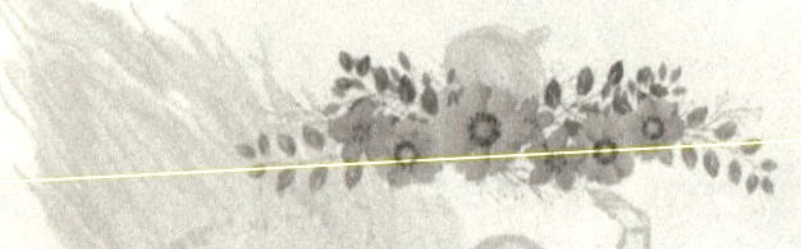

तुमने तो समझा दिया कि, बेफ़ालतू की बात है।
पर दिल नहीं मान रहा, तेरे इस झूठ को।

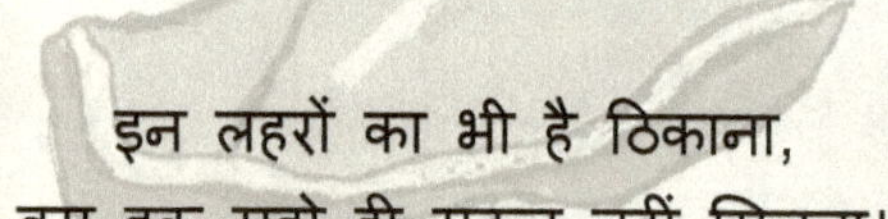

इन लहरों का भी है ठिकाना,
बस इक मुझे ही सुकून नहीं मिलता।

इक लहर ऐसी हूँ, जो ना बह पाई ना रह पाई,
साहिल तो बहुत है मगर,
हर तरफ़ ढूंढने पर भी, तू नहीं मिलता।

काश एक ऐसा ही रास्ता हो, जिस तरफ़ मंज़िल हो,
तू हो, मैं हूँ, ख़ुशियाँ हो, सुकून हो।
ना मिले मंज़िल तो भी, ये सफ़र आसान हो जाए,
अगर तू साथ हो, अगर तू साथ हो।

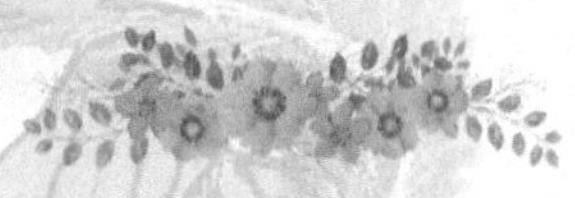

मेरे तक तेरी ख़ैर पहुँचा ही देते हैं,
कुछ साथी हैं मेरे सुख दुख के।
मैंने सारी-सारी रात चाँद में तुझे ढूँढ़ा है,
करोड़ों सितारे गवाह हैं, मेरी मोहब्बत के।

नामुमकिन सा बहुत कुछ, मेरे साथ होने लगा,
जब जुड़ी तुझसे मेरी क़िस्मत।
तूने छुआ, खुदा मेरा मेहरबान हुआ,
तुझसे मिलके चमकी, कुछ तो है, मेरी क़िस्मत।

चल मिल कर जीत ले दुनिया।
मुझपे मेहरबान सी लगती है आजकल, मेरी क़िस्मत।

तक़दीर से इक लम्हा ख़ुद के लिए चुराने,
तन्हाई में रोए जो आंसू, उनको ख़ुशी सिखाने,
अपने सारे ग़मों को, हंस कर भुलाने,
आ चले कहीं दूर, इक नयी जन्नत सजाने।

आ चले कहीं दूर, इक नयी जन्नत सजाने

अपने ही रंगों को, रंगत दिखाने,
आ चले कहीं दूर, इक नयी जन्नत सजाने।
जहां तेरे अलावा कोई और ख़ुदा न हो,
इक ऐसा नया जहां बसाने।

दूर-दूर तक, बस इक तेरा ही रंग हो,
जहां तुझे सुकून हो, तेरा ही ढंग हो,
सपने से, इक दुनिया बसाने,
आ चले कहीं दूर, इक नयी जन्नत सजाने।

सतरंगी मोहब्बत के, चल मिलकर लिखें फसाने,
जहां तेरे नाम से लोग मुझे जाने-पहचाने,
मैं हाथ तेरा थामूँ और तू मुझे थामे,
आ चले कहीं दूर, इक नयी जन्नत सजाने।

बहकी सी इक रात में, तू मुझे पुकारे,
फिर आंखों में इक दूसरे के खोए रहे दो दीवाने,
गलत और सही का फर्क मिटाने,
आ चले कहीं दूर, इक नयी जन्नत सजाने।

मैं हर रोज एक नए तरीके से, उसे इश्क़ करती हूँ

बिखरती हूँ, सिमटती हूँ, टूट के भी हँसती हूँ।
तड़पती हूँ, मरती हूँ, मुस्कुराते हुए भी, सिसकती हूँ।

कभी हाथ थामूँ उसका, कभी नज़रें झुका लूँ,
कभी वो हाथ थामे, मैं हाथ छुड़ा लूँ।
फिर उसी हाथ को, पकड़ने के लिए तड़पती हूँ।
मैं हर रोज एक नए तरीके से, उसे इश्क़ करती हूँ।

झल्ली समझ वो, तरस खा लेता है,
मैं समझदारी से, झल्ली बन, उसके तरस का, इंतज़ार
करती हूँ।
सपनों में, इबादत में, नज़रों में, ख़यालों में,
दुनिया पूछती है, जिसका नाम, हर एक सवालों में।

बनते बनते जो, खुदा बन गया,
मैं रग-रग में, जिसे महसूस करती हूँ।
मैं हर रोज एक नए तरीके से, उसे इश्क़ करती हूँ।

न कभी कम होता है, न कभी बदलता है,
मेरा इश्क़, खुमारी की तरह, हर रोज मुझे चढ़ता है।
एक वो ही है, जो समझता नहीं,
वो देखना नहीं चाहता, या उसे दिखता नहीं।

मैं जिसके कदमों में सुकून, और नज़रों में खुदा पा
लिया करती हूँ।
मैं हर रोज एक नए तरीके से, उसे इश्क़ करती हूँ।

शौक़ मुझे सजाने सँवरने के थे कभी,
अब कहाँ मुझ में वैसे ढंग है,
अब सामने मौत है, तुझसे इश्क़ है,
ज़ुबान चुप है और मजबूरियाँ बहुत है।

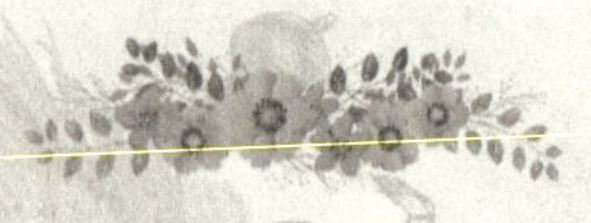

इश्क़ में फ़ना तो होना ही था मुझे,
तेरा इंकार, तो बस बहाना बन गया।

मेरी झूठी सी आंखें दगा करती हैं,
दुखी हूँ मैं, सब को कहा करती है।
मैं तो हर शब लबों पे हंसी ले कर घूमती हूँ,
ये आंखें चाहने वालों को ठगा करती है।

बहुत खुश हूँ मैं, बहुत खुश हूँ मैं।

आ जा सँभाल ले मुझे

तेरी इश्क़ से मिली है बेफ़िक्री,
तेरी नज़रों में है सुकून,
तेरी ख़ुशबू में है जहां,
तेरी बाहों में है आसमान।

तेरी सांसों में है नशा,
तुझ ही में दिखता है मुझे ख़ुदा।
तेरी मौजूदगी में है मेरा नाम-ओ-निशान,
जब तेरी आगोश में हूँ, तो मुझे होश कहाँ।

तुझसे ही है मेरी इबादत,
क्यों और कैसे ना करूं मैं तेरी चाहत।
तुझे छूने से मिल जाए राहत,
तुझे छूने के बाद, अब किस की करूं मैं चाहत।

छू ले मुझे, थाम ले मुझे,
बहक रही हूँ, सँभाल ले मुझे।
तू नहीं है तो होश भी नहीं रहता,
गले से लगा कर, अपने रंग में ढाल ले मुझे।
आ जा सँभाल ले मुझे,
आ जा सँभाल ले मुझे।

किस्मत देख तेरी, कुदरत ने तुझे,
मेरी मोहब्बत से नवाज़ा...

कितनी ख़ुश हूँ मैं,
तुझे किसी और के साथ ख़ुश देख कर।

तेरे काबिल होती तो, मैं ज़माने से भी लड़ जाती,
मुझ फ़क़ीर को तो तुझे देखना भी,
औक़ात से बाहर लगता है।

जब चाहत हुई तेरी, तब पता ना चला,
अब ये नहीं पता, के भूलना कैसे है।

अक्सर

होश नहीं रहता है दिन भर,
भर आती हैं आंखें, अक्सर।

जैसे वक़्त भी रुक जाता है मेरा,
जब याद उसकी आती है, अक्सर।
सालों से जो ख़्वाब था,
अब आ जाता है ख़ुद ही पास मेरे, अक्सर।

एक दिन जब वो आया था पास मेरे,
मुझे चाह रहती है उस लम्हे की, अक्सर।
सोचकर तुझे, थाम लेती हूँ हाथ अपना,
ऐसे ही ख़ुद को सँभाल लेती हूँ, अक्सर।

तेरे गले लग एक दिन रोएँगे ख़ूब हम,
बस इसी बहाने आंसू छिपा लेती हूँ, अक्सर।
ख़्वाब सा तू, ख़्वाबों में मिल जाता है मुझे,
ख़्वाब में ही सही, पर तुझे पा लेती हूँ, अक्सर।

लोगों को इश्क़ की किताब में भी,
इश्क़ का मतलब ना मिला।
मैंने एक लफ़्ज़ में, तेरा नाम लेकर,
अपना ख़ुदा बता दिया।

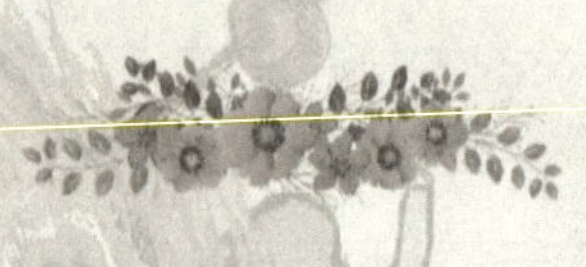

ज़रूरी तो नहीं कि हर बात मैं कहकर बताऊं,
कुछ तो मेरी हालत देखकर समझो,
कुछ आँखें कह रही हैं, उन्हें पढ़ लो।

जब हाथ बढ़ाया तुने,
मैंने धीरे से पकड़ के छोड़ दिया।
बस इतनी ही इजाज़त,
मुझे मेरी हया देती है।

मेरे तनहा सफ़र पर,
काश तेरे कदम भी साथ होते।
ये नज़ारे फिर और भी हसीन होते,
ये मंज़र और भी ख़ास होते।

यूं तो माँगती नहीं मैं, कुछ भी उस ख़ुदा से,
पर अब सोचती हूँ, के ग़ुरूर अपने को तोड़ डालूँ।

झुक जाऊँ उसके कदमों में,
और उसी से, उसको मांग डालूँ।

तू नहीं,
तो भी कुछ तो साथ चलता है,
तेरे होने का एहसास यहाँ,
कदम-कदम पर है।

अपना सब गवा कर भी,
अगर वो मिल जाए,
सौदा फिर भी,
मेरे ही फायदे का है।

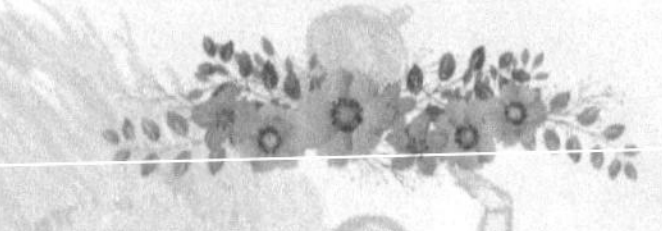

समुंदर की तूफानी लहरों जैसा, है कुछ मेरे दिल का आलम,
शोर खूब मचा है, मीलों दूर तक।

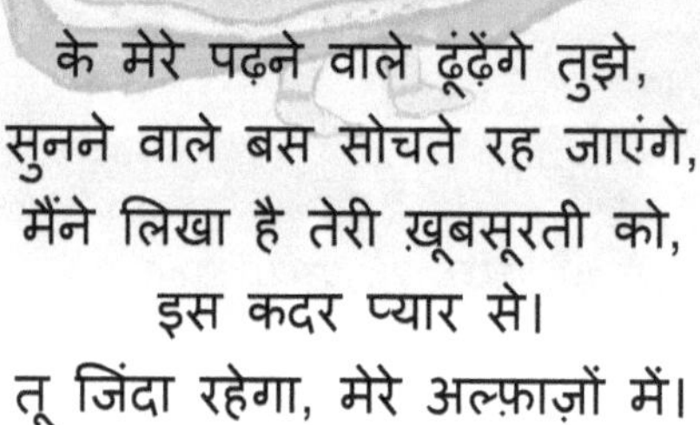

के मेरे पढ़ने वाले ढूंढ़ेंगे तुझे,
सुनने वाले बस सोचते रह जाएंगे,
मैंने लिखा है तेरी ख़ूबसूरती को,
इस कदर प्यार से।
तू जिंदा रहेगा, मेरे अल्फ़ाज़ों में।

सुन कर हाल-ए-दिल मेरा,
उसका दिल भी तो धड़का होगा।
मेरे इश्क़ पे मुस्कुराया होगा,
मेरे हाल पे तड़पा होगा।

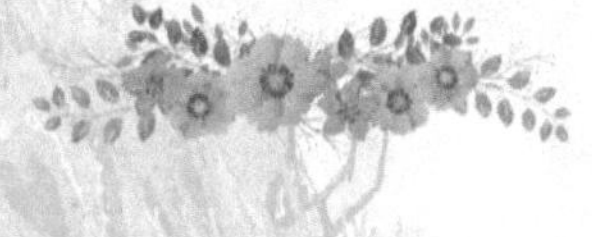

ढूंढ लिया उसने खुद को,
मेरे लफ़्ज़ और लिहाज़ में,
इक रात जब अपने हाल,
शायरी में सुनाये मैंने।

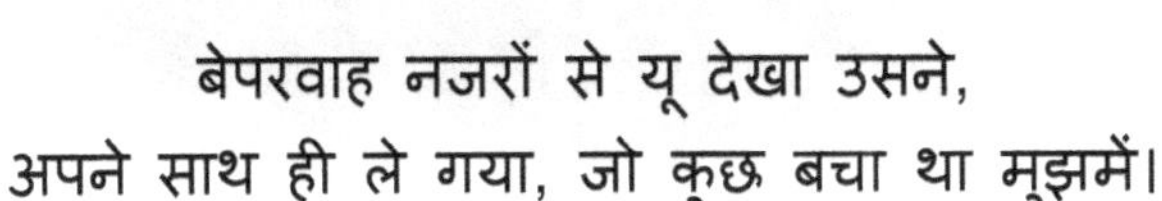

बेपरवाह नजरों से यू देखा उसने,
अपने साथ ही ले गया, जो कुछ बचा था मुझमें।

ना हो इश्क़ हमें, न तेरी फ़िक्र में हो मेरी फ़िक्र।
न टूटे फिर से हम, ना हो तेरी रातों में मेरा जिक्र।
तुझे देखे बिना भी जी पाए,
मेरे दिल को मिले इतना तो सबर।

तू चाहे किसी को भी, किसी का भी हो के रहे,
दिल जलाए तू मेरा, पर ना जले दिल मेरा मगर।

तेरी नजरों से डर लगता है,
कहीं इश्क़ न हो जाए, मुझ खाक को।
यू ही मुझपे नज़र टीका कर,
मत हवा दो, मुझ रख को।

जब से देखा है उसने, दिल के बुरे हालात हैं,
ज़िंदा हूँ मैं अब तक, बड़ी बात है।
चाँद देखा है ज़मीन पर आज, ये कैसी चांदनी रात है।
छू लू, दिल चाहे तुझे,
ये मेरे नए से इश्क़ की शुरुआत है।

खुद को जला दूँ, मिटा दूँ उसकी चाहत में,
अब ये मेरी मात है, तो मात है।
जब से देखा है उसने, दिल के बुरे हालात हैं।

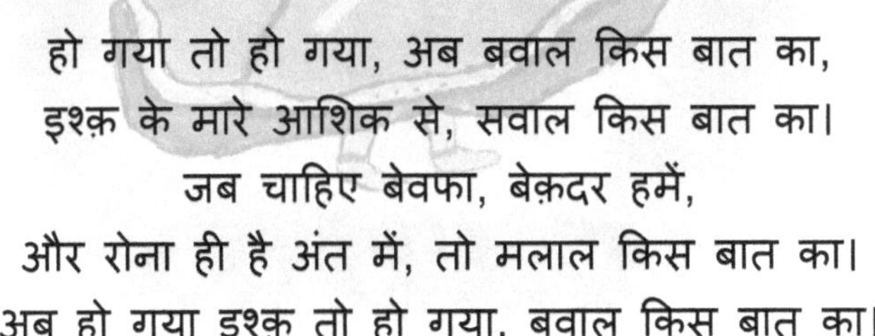

हो गया तो हो गया, अब बवाल किस बात का,
इश्क़ के मारे आशिक से, सवाल किस बात का।
जब चाहिए बेवफा, बेक़दर हमें,
और रोना ही है अंत में, तो मलाल किस बात का।
अब हो गया इश्क़ तो हो गया, बवाल किस बात का।

महफ़िल में पूछ लिया,
किसी ने मेरी तड़प का राज़,
मैं तड़प गई, निगाह-ए-यार के लिए।

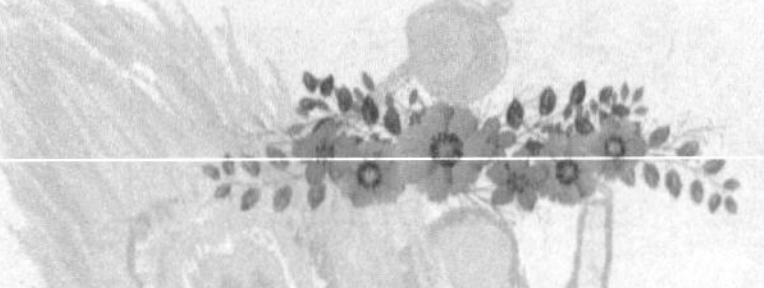

जिस इश्क़ को दिल से मिटाने के लिए,
इक अरसे से हर मुमकिन कोशिश की है।
उनको भी इश्क़ हो जाता है,
अगर कोशिश उन्हें पाने की होती है।

लिख सकती अगर मैं मेरी क़िस्मत,
दुनिया छोड़ कर बस तुम्हें लिख लेती।

मुकम्मल इश्क़ की मेरी,
अधूरी किस्मत से ये जंग है कैसी,
खुद का सब खो कर जिस से इश्क़ हुआ,
किस्मत में वो लिखा ही नहीं।

हाँ, ये कहना था के...

बस यही कह कर, मेरे होंठ सील गए,
और हाल-ए-दिल, दिल में ही रह गए।
मैं लबों से भी वो बात कह ना पायी,
जो वो जाते जाते, आँखों से कह गए।

पड़े हैं राह में उनके, आशिक़ों की तरह,
दीदार की ख़्वाहिश लिए, मन्नतों की तरह।
वो आए या ना आए, रज़ा उनकी है,
मुझे आरज़ू है उनकी, जन्नतों की तरह।

जब जब तेरे ख़्याल में बेख़याल होती हूँ,
बस वही लम्हे में, मैं अपने ख़ुदा के पास होती हूँ।

मैं कमाल होती हूँ, बवाल होती हूँ,
सुलझी सी हूँ पर, उस वक्त मैं,
ख़ुद के लिए भी, सवाल होती हूँ।

जब जब तेरे ख़्याल में बेख़याल होती हूँ।

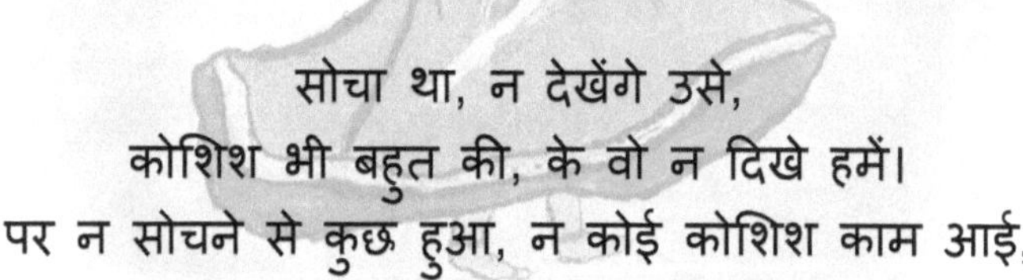

सोचा था, न देखेंगे उसे,
कोशिश भी बहुत की, के वो न दिखे हमें।
पर न सोचने से कुछ हुआ, न कोई कोशिश काम आई,
झलक यार की दिखी और दिल फिर से,
उस पे मर मिटा।

काश सिर्फ़ दिल्लगी होती

काश सिर्फ़ दिल्लगी होती,
ये तुझसे हुआ मुझे, नामुमकिन सा प्यार।
देखती रहती तस्वीर तेरी,
अगर होती उसमें तेरी नज़रों जैसी बात,
फिर ना होता, हर रोज़ मेरी नज़रों को,
तेरे दीदार का इंतज़ार।

खुदा के दर पर भी तेरी ही इबादत करती हूँ,
मेरे इश्क़ की जीत है ये, या मेरे खुदा की हार।
इक लम्हा जिसमें तुझे जी भर के देख लूँ,
मौका दे मुझे, इक ऐसा, इक बार।

तेरी खुशी के अलावा कुछ नहीं चाहती हूँ तुझसे,
ये नहीं तो क्या है मेरे इश्क़ का इज़हार।
काश सिर्फ़ दिल्लगी होती,
ये तुझसे हुआ मेरा, नामुमकिन सा प्यार।

उफ़्फ़! पाना कौन चाहता है तुझे

मैं कब तुझे हाल-ए-दिल कहती हूँ?

कमाल का इश्क़ हुआ है तुझसे,
तू आए या ना आए,
सुकून से रहती हूँ।

तेरी याद और तेरा दीदार दोनों,
तेरे होने का, इक जैसा, एहसास देते हैं।

मैं तो बस तेरे होने के एहसास से ही,
हर पल ख़ुश रहती हूँ।

पर अभी भी तुझे भूलना बाकी है

ख्याल तेरा अब रुलाता नहीं मुझे,
पर अभी भी तुझे भूलना बाकी है।
ख़ुशी भी होगी मेरी, यही कहीं,
पर अभी उसे खोजना बाकी है।

तेरा दूर रहना भी, अब ठीक है लगता है,
तेरे बिना हँसना, अभी भी सीखना बाकी है।
रज़ा तेरी है, या ख़ुदा की,
इस जुदाई के वजह ढूंढने की आदत को,
अब छोड़ना बाकी है।

अभी भी तेरी नज़रों को सोच के,
कुछ लम्हे ज़ारा करती हूँ,
दिल को चुप करवा दिया है,
दिमाग को अभी टटोलना बाकी है।
ख्याल तेरा अब रुलाता नहीं मुझे,
पर अभी भी तुझे भूलना बाकी है।

कुछ जमाने का डर, कुछ खुद में बहती हया,
बस ऐसी कुछ मजबूरियां हैं,
जो मोहब्बत नहीं करने देती।

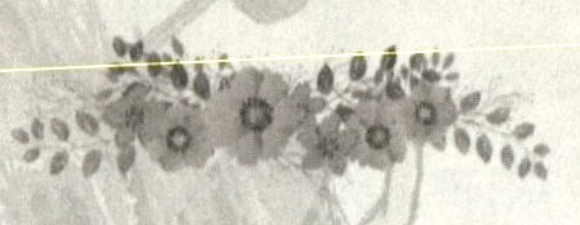

मैं तो बस तुझे लिखती हूँ,
लोग 'कमाल' मुझे बोलते हैं।

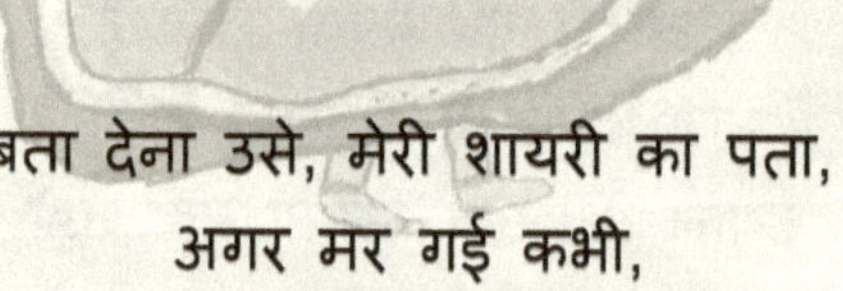

बता देना उसे, मेरी शायरी का पता,
अगर मर गई कभी,
उसे लिखते लिखते।

हारी हुई इक बाज़ी पे, मैंने जान दाव पे लगा दी है।
उन्होंने भी हँस कर, मेरी चोट पे,
इक और चोट लगा दी है।

अब इस चोट से मरना मेरा तय है,
सुकून से सोने का इंतज़ार कब से है,
अब देखो कब ये कमबख़्त मौत आती है।

उन्हें लगता है, मैं मसरूफ़ हो जाऊँगी,
उन्हें लगता है कि मैं भूल जाऊँगी।

सांसों के साथ नाम लेती हूँ उनका,
उन्हें भूली तो मर जाऊँगी,
और उन्हें लगता है मैं भूल जाऊँगी।

(इस जन्म में नहीं, किसी और जन्म में कभी नहीं...
यह कभी नहीं होगा।)

लेखिका के बारे में

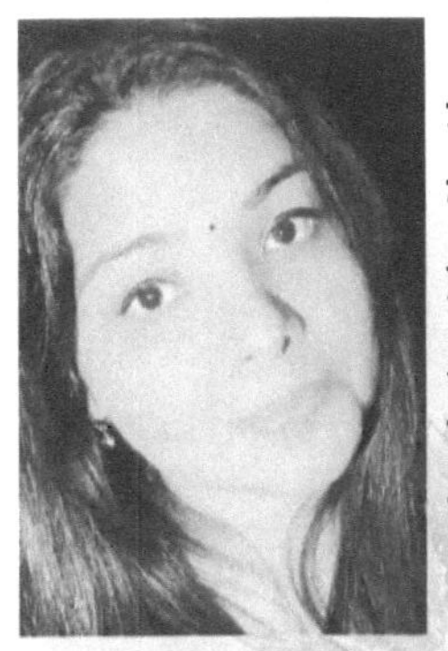

'ईशा' पेशे से कंप्यूटर इंजीनियर है जो हाल में अमेरिका के शहर पार्कर, कोलोराडो मे कार्यरत हैं।

उनकी पढ़ाई बठिंडा, पंजाब से हुई और साल 2006 में उन्होंने पंजाब टेक्निकल यूनिवर्सिटी से कंप्यूटर इंजीनियरिंग की डिग्री उत्तीर्ण करी ।

इंजीनियरिंग की डिग्री के बाद उन्होंने बतौर सॉफ़्टवेयर इंजीनियर गुड़गांव में स्थित एक नामी हाईटैक फ़र्म से अपने करियर की शुरुआत की। 8 साल भारत के विभिन्न हाईटैक कम्पनियों के साथ बतौर सॉफ़्टवेयर इंजीनियर काम करने के उपरांत 2017 में वे अमेरिका स्थानांतरण हो गयी।

ब्लॉग लिखना, पेंटिंग करना, गाना गाना और शायरी लिखना उन्हें बेहद पसन्द है। लेखिका की लेखनी और विचार " श्रीमद्भगवत गीता " के श्लोकों एवं "मीरा " की भक्ति और समर्पण से प्रभावित है। इस किताब में उन्होंने 'मीरा' की तरह सच्चे प्यार के मूल स्वरूप को पाठकों के समक्ष पहुंचाने का एक प्रयास किया है, उन्होंने कोशिश की है कि वह एक सच्चे इश्क़ में महसूस होती अलग-अलग भावनाओं को शायरी की पंक्तियों के माध्यम से लोगों तक पहुंचाएं पाएँ।

धन्यवाद!

Connect with Isha Singla:
Email: singlaisha84.poetry@gmail.com
Instagram: @poetry_by_singlaisha84
Youtube: @poetry_by_singlaisha84
Twitter: @singlaisha84
Blog: https://singlaisha84poetry.blogspot.com/
Tiktok: @poetry_by_singlaisha84
Threads: @poetry_by_singlaisha84
ShareChat: @poetry_by_singlaisha84